実践・教育技術リフレクション

あすの授業が 上手くいく ① 身体スキル 〈ふり返り〉の技術

上條晴夫 東北福祉大学教育学部教授 [著]

合同出版

● 読者のみなさまへ

　いま世の中では教師の専門性あるいは資質向上をめぐってさまざまに議論がおこなわれています。教師研修をめぐる制度改革も着実に進行しています。

　一方で、1980年代半ばころから現在に至るまで、教育技術を中心とした教育書が書店のコーナーを席巻し続けています。こうしたスキル本は、教育のある場面において、どのような教育技術を駆使すればその場面を打開できるか、場面を細分化してスキルを提示しています。

　教育経験の浅い教員は、そうした細分化された教育技術を学び、自分の教室指導に活かしてきました。この教育技術書ブームは、それまで自家栽培的トレーニングでできていた教育実践が、それだけでは段々と追いつかなくなってきたことを如実に示しました。

　しかし、いまやその教育技術をもってしても足りない「複雑で多様な教室状況」が生まれ、「こうすればうまくいく（はずの）スキル」として機能しなくなってきています。これからは、同じ教育技術、教師スキルであっても、単に「教わった通りに使う」のではなく、「自らのスキルの省察（リフレクション）をくり返しつつ使う」ことが求められるのです。なぜなら、従来までのように個々の教師が理論やスキルを学べば、それでうまくいくという想定が成り立たなくなってきたからです。

　そこで本書では、多くの教師スキルの中でも、教師力を根底で支える＜身体スキル＞に焦点を当てました。教師の身体スキルを大きく8つに分類し、その上で、その身体スキルを使うに当たってどのように自らのスキルをふり返れば、そのスキルを多様で複雑な教室状況に対応させられるようになるのかということを、わたしの実践史をふり返りつつ、提案しています。

　本書の大きな構成は、第1章で身体スキルとは何か、第3章で教師スキルの根底にはどんな考えがあるのかを述べ、第2章では、以下のように、場面ごとに求められる身体スキルを8つに分類し、そのリフレクションのポイントを提案しています。

（1）仕草・動作・姿勢の教師スキル

（2）自分のキャラクターを確立する教師スキル

（3）空間を使った教師スキル

（4）学習者と時間を共有する教師スキル

（5）アドリブを活用する教師スキル

（6）板書をめぐる教師スキル

（7）話し言葉の教師スキル

（8）「見る目」の教師スキル

　本書を通じて、①まず教師スキルを使い、②次にその教師スキルとリフレクションの提案をヒントにふり返り、③最後にそのふり返りをもとに、教師スキルを自分流にアレンジしてみてください。この体験サイクルをどんどんくり返すことで、「リフレクションしつつスキルを使う」ことの勘所が身についていくでしょう。

　本書が、複雑で多様な教室状況に少しでも役立てば幸いです。

もくじ

読者のみなさまへ

■組版：Shima.
■イラスト：宮原あきこ

第1章 身体スキルとは何か

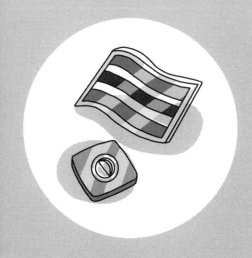

身体スキルに注目する

 棒立ちになる身体と空回りする言葉

わたしは、子どものころから運動神経にだけは自信がありました。

中学生のとき、体育の授業でマット運動の発表会がありました。職員室からは、何人もの先生が見学に来てくれていました。わたしは、演技の最後、体育館に四角に敷きつめられたマット上で、後方伸身宙返りをしました。拍手の嵐でした。それが長年の自慢でした。

わたしは、イメージがわくと自分の身体を思い通りに動かすことができます。しかし、イメージがわかないとまったく動かすことができません。これがわたしの強みでもあり弱みでもあります。

大学を卒業し、わたしが小学校の教師になって、一番困ったことは国語・算数・理科・社会・音楽・図工・体育・家庭とすべてを教えなくてはならないことでした。教科書の言葉をかみ砕いて解説するだけのことです。しかし、わたしにはそれができなかったのです。

体育と算数だけが得意だったわたしは、それ以外の教科で教科書を教えるというイメージが持てませんでした。そういうとき、無理に教科書を使って教えようとすると、わたしの身体は、文字通り棒立ち状態になり、言葉は空回りをはじめました。

 特定の子どもに向けて授業をする

これを何とかしなければと思ったわたしは、教員に採用された年から、演出家の竹内敏晴氏が主宰していた「からだとことば」というワークショップに参加することにしました。そして結果的にほぼ2年半ほど、ワークショップに通うことになります。

ワークショップでのおもなテーマは、「実感を持って話すこと」でした。すぐに効果の出るような内容ではありませんでしたが、子どもたちを前にするとなぜか硬くなってしまっていた自分の身体が、少しずつほぐれていく感

じを味わうことができました。

　ワークショップに通うことで、自意識過剰にならずに、目の前の子どもたちに意識を向けることができるようになりました。以前より説明をすることが楽になりました。

　わたしは教室の子ども全員に向けてなんとなく話すのではなく、特定の子どもに意識を向けて話をするように工夫しました。声は物理的には全員に聞こえていても、その声が特定の子に〈届いて〉いるかどうか。そのことを実感することがワークショップのキモだったからです。

　たとえば、算数の授業でも、全員に向けて話すのではなく、ＡさんやＢくんを意識しつつ授業をするのです。教壇の中央に漠然と立つのではなく、少しだけその子に近づいて話をします。さらに、教科書に書いてあることをただ説明するのではなく、その子の興味関心に意識を集中させて話を進めていきます。わたしの説明を聞く子どもの表情にも気を配ります。

　ほかの子どもたちには、わたしと特定の子のやりとりを、まるで「盗み聞き」しているかのように聞くことを促しました。わたしは「盗み聞き的構造のコミュニケーション」と呼んでいました。この方法を授業に取り入れることで、わたしは子どもたちを前にしても力まず話ができるようになりました。一方の子どもたちもリラックスしてわたしの話を聞けるようになったようでした。

　教室全体に向けて語られる教師の言葉は、すべての学習者に聞き続けることを強要します。しかし「盗み聞き的構造のコミュニケーション」では、子どもたちが自分なりの聞き方を選ぶことができるようになります。別の言い方をすると、「聞くことの自由」が持てるようになります。その結果として、教室全体の雰囲気もいくぶんか和らいだものになりました。

 ## 教師スキルの前段にある身体スキル

　竹内氏のワークショップを通して、わたしは声を届けることを学び、教室のような空間でも、特定の子どもに向けて話せば、「教科書に書かれた内容を教える」というイメージをある程度つくることができることを体感しました。しかし、こうした教師の身体とことばの関係について、「技術（スキル）」という観点からより本格的に考えはじめたのは、それから５、６年後のこと、大西忠治著『授業つくり上達法　だれも語らなかった基礎技術』（民衆社、1987 年）を読んでからでした。大西氏はその本の「まえがき」で次のよう

に書いています。

　ここでは、教師の身体的な技術を中心にのべただけである。これは基礎的な技術であり、一番大切であるがここが出発点になるものである。
　この基礎の上に、授業技術としては、もっと高度な子どもとのコミュニケーションの問題に関係した技術を身につけねばならないのである。

　大西氏のこの大変興味深いアイデアは、わたしの中で長いあいだくすぶり続けます。
　その後、わたしは小学校教諭の職を辞し、大学の教員として、教師を目指す学生たちを教えるようになります。わたしは、自分がそれまでに身につけてきた教師スキルの数々を、いろいろなバリエーションも含めて、なんとか学生たちに教え込もうと考えました。しかし、ケースごとに、すべてのスキルを教えることは不可能でした。
　そこで、それらのスキルを基礎技術と応用技術とに分け、基礎技術を教えようと考えました。しかし、何を目安にスキルを基礎と応用とに切り分けるのか。これがむずかしい問題でした。そこで思い出したのが、大西氏の「身体スキル＝基礎技術」というアイデアでした。
　教育方法や教育技術と一般的に呼ばれているものの前段に、教師の持つ雰囲気や仕草、動作、構えなどがあり、それが教育方法や教育技術の土台になっていると考えると、言語化はしにくいものの、教えるべき基礎的なスキルは何であるかを特定できるような気がしました。そして、実際、その基礎的なスキルはそうむやみに多くなるということもないようでした。

 ## 支援的な学習環境をつくり出す身体スキル

　わたしは、少しずつ、わたしの教師としての身体に染みついたスキルに重点を置いて、学生に教えるようになっていきました。たとえば、次のようなスキルです。
　授業冒頭のあいさつの仕方、立ち位置、歩き方、立ち止まり方、笑い方、子どもへの近づき方、子どもと一緒になってゲームなどを楽しむときの楽しみ方、基本的な板書の仕方、黒板への教材の貼り出し方、子ども（たち）を観察するときの仕方……。
　正直に言うと、その変化はそれほど意識的なものではありませんでした。

しかし、わたしの中の教師スキルが「身体スキル」というアイデアで腑分けされていったことは間違いのないことでした。その結果、わたしが学生に教える教師スキルは、学習環境づくり、とりわけ支援的な学習環境づくりを中心としたものになっていきました。わたしの身体スキルが無意識につくり出していたものが、教室の支援的学習環境だったからです。基礎技術と応用技術を考えるとき、わたしの身体がおこなっているものを基礎技術（＝前段にあるもの）と考えると、その技術のありようが少しだけ見えた気がしました。

　ただし、こうした身体性を帯びた教師スキルを言葉で説明することはとても困難です。わたしが半ば無意識でやっていること、あるいは学生が模擬授業をしたときなどに無意識に動いている身体のようすに「気づく」（リフレクションする）ことでしか教えられないようでした。こうして、「気づき」によって身体スキルを教えることが、わたしの大学教員としての授業スタイルになっていきました。

身体スキルは教師の教育信念と結びついて働く

　結論を先取りしたような言い方になりますが、新人教師時代、棒立ちしていたわたしの身体と空回りしていた言葉は、竹内敏晴氏のワークショップと大西忠治氏の身体スキルというアイデアが、教室環境を支援的なものにしたいというわたしの教育信念と結びついて、ようやく生き生きとしはじめました。

　つまり教師の身体スキルは、その教師の教育信念（こだわり）と結びついて働きます。わたしの身体スキルは支援的な学習環境づくりに向けて働いていましたが、それはわたしがたまたまそうした教育信念を持っていたからです。学生たちは同じ身体スキルというコンセプトでスキルを学んだとしても、それが効果的に働くのは学生のこだわりと結びついたときだけです。

　新人教師時代のわたしの身体と言葉の空転は、この信念が曖昧だったからといえそうです。

 信念とスキルの
中間にあるもの

 身体＝信念とスキルの中間にあるもの

　教師の身体スキルを考える上で、齋藤孝著『教師＝身体という技術　構え・感知力・技化』（世織書房、1997年）は大事な基本文献です。とくに＜序論＞「1」は重要です。

　齋藤氏は、はしがきで、教師には「学びが生まれるクリエイティブな関係性を現出させる責任」があると言います。その責任を果たすための着眼点は何か。技（スキル）は何か。研究方法は何か。基本的な問いが述べられています。

　齋藤氏はその基本的な問いに次のように答えています。

①**着眼点は教師の「からだ」である。**
②**技は「学びの関係性」を現出するものである。**
③**方法は「研究者＝実践者」である。**

　このうち本書に直結するのは①です。

　齋藤氏は「教育に技術というものがあるとすれば、それはそれぞれの教師の固有の身体性に基づいた諸工夫の綜合体であり、一般的なマニュアルの集積ではないのではないか」「身体は、人間性と技術という二元論によって抽象化される以前の場のリアリティを捉えるための視座である」と述べます。

　ここで齋藤氏が人間性と呼ぶものを、わたしは「教育信念（こだわり）」と考えています。それはライフヒストリー・アプローチなどの教師研究によって少しずつ解明されつつある「教育信念（こだわり）と教育方法・教育技術」の関係性がまさにそうであることを示唆しています。つまり「教育信念（こだわり）―身体（からだ）―技術（スキル）」です。

　この軸が本書のテーマ「教師の身体スキル」を考える出発点です。

模擬授業で見せた教師役の女子学生の動き

　では、教育信念と技術の中間にある身体（身体化されたスキル）とはどのようなものでしょうか。わたしは、講義室でそのような身体（身体スキル）をしばしば目撃します。

　「国語科指導法」という大学２年生を対象にした講義で、わたしは、学生たち一人ひとりに簡単な授業プランを書いてもらい、互選方式で代表学生を決め、10分間の模擬授業をしてもらいます。本当は全員ができるとよいのですが、受講人数に対して時間が足らないための苦肉の策です。

　授業では、グループによる言語活動を中心にすることを条件にしています。そのため、教師役の学生は、子ども役の学生を見回りながら指導する机間指導をおこないます。

　その授業で、教師役のある女子学生がおこなった机間指導は、いまもわたしの脳裏に焼きついています。

　彼女の斜め後ろにいたグループの学生が、彼女を呼び止めた瞬間、彼女はその声にパッと反応し、グループの中に走り込みました。その動きはまるでバスケットボール選手が相手チームに鋭く切り込むカットインのようでした。本当に瞬間の動きでしたが、彼女の動きに躊躇はありませんでした。

　それを目撃した学生たちは、彼女のその動きを瞬間的に理解しました。彼女の動きは「教師とは子どもたちを支援する者である。支援のためには子どもたちの中に飛び込み、＜中＞から応援することが重要である」という考えを表現していました。教師役の学生の多くが、子ども役学生たちのグループ作業を、ただうろうろと点検して回っていた（＝信念の曖昧さ）のとは対照的でした。

　そして、カットインしたグループの中でも、その学生が極めてスムーズなやりとりをしているのは傍目にも明らかでした。わたしは、模擬授業後のコメントで、彼女のこの軽やかな動きに言及しました。「あれはカッコよかったです。あの動きに○○さんの教師としての信念が表れていたと思うからです。グループ活動を机間巡視するのってむずかしいです。何をしたらよいか、よくよく考えていないと、グループのまわりをただうろうろすることになります。それと比べて、○○さんの動きには躊躇がありませんでした。本当に見事な動きでした」

　授業後のリフレクションペーパーには、自分の教育信念の曖昧さと彼女の

動きの明快さを対比して書いているものがいくつも見られました。それは理屈として理解したというよりも、動きの違いで示された同輩の教育信念に対する憧れが多分に含まれていました。しかし、彼女の動きが＜単なるスキルではない＞という点は明確に理解をしていました。

　彼女が子ども役学生の声に反応して起こしたカットインの動きこそ「教育信念（こだわり）と技術の中間にある身体」です。それは信念に裏打ちされた無意識の動きです。その無意識の動きは何度も繰り返されることによって「スキル」となります。しかし普段はほぼ無意識のままにおこなわれます。身体スキルとはそうした性質のスキルです。

身体にその人固有の教育信念が現れる

　子どもの呼びかけに、教師の身体はどのように反応するでしょうか。

　わたしは、模擬授業中、机間指導をする教師役学生の動きを観察しています。すると、

　・グループにまったく入っていかない学生がいます。
　・グループのまわりをただうろうろしている学生がいます。
　・グループに入っても言葉をかけない学生がいます。
　・グループに入っていって子ども役学生に話しかける学生がいます。
　・グループにしばし居座り、ようすを見守る学生がいます。

教師役学生は、それぞれまったく違った動きをすることに気づきます。

　その動きの中に、その学生の教育信念（授業観・子ども観／こだわり）が見えます。もう少し具体的にいえば、生徒とどのように関わり、どのように学びをつくり出そうとしているかが透けて見えます。一般にスキルとして意識して身につけるものとは明らかに違う、その学生に固有な何かがそこに見えます。その何かこそ「教育信念と技術の中間にある身体」です。この身体がおこなうふるまいを「身体スキル」と呼びたいと思います。

3 模擬授業にみる 教師としての身体

「教育信念と技術の中間にある身体」は、その人に固有の「強み」になります。例えば、自分の背後のグループにカットインして飛び込んだ女子学生の動きにも、「子どもたちの中に躊躇なく飛び込んでいく勇気」「そこでこそ支援ができるという考えの明確さ」などの彼女の強みがつまっていました。

わずか10分間の模擬授業ですが、そのほかにも、教師（授業者）の身体について考える上で、学ぶべき点がじつにたくさん観察されます。

 授業の第一声に神経を注ぐ

「こんにちは！」と元気な声で授業をはじめる学生がいるかと思うと、「授業をはじめます」としっとりした声で授業をはじめる学生もいます。

授業者の第一声が子ども役の学生たちに影響を与え、一瞬にして、教室の雰囲気（ムード）を決定します。

元気よく授業をはじめれば、教室は楽しい雰囲気になり、しっとりと語りかけるようにはじめれば、落ち着いた雰囲気をつくり出します。

そこでわたしは、授業観察の仕方を指導する一環として、少しだけそのことに焦点を当てたコメントをします。すると、学生たちは、文字通り十人十色の「声」と「動き」が教室という舞台をつくるということに気づきはじめます。

その後、教師役になった学生は、そのことを意識し、授業の第一声に神経を注ぐようになります。

 「説明内容を伝えたい」という思いが 仕草・動作・言葉に表れる

前述のとおり、わたしは、10分間の授業内で言語活動を取り入れるように指示していますから、教師役学生は、その言語活動の内容を子ども役の学生に説明しなくてはなりません。その最中に、学生によってさまざまな興味深い仕草や動作が飛び出します。

ほとんど棒立ちで、紙に書いた活動手順をただ読み上げる学生がいるかと思うと、黒板の前にキリリと立ち、役者ばりに台詞を完璧に頭に入れて説明する学生もいます。

　授業プランという脚本を完全に覚え、台詞のように語る学生の場合、話す言葉には一切の無駄がありません。もちろん、覚えて話すことを嫌がる学生もいます。

　わたしはどちらがよいとは言いません。そのため、学生たちはどちらかを選びます。自分が選んだ方法による説明が、同じ教師を目指すほかの学生たちの目にさらされます。ある種の緊張感が漂います。ライバル心が火花を散らします。

　学生の説明する言葉に、内容を強調したり、イメージを広げてもらったりするための仕草や動作がともなうことも少なくありません。さすがにそこまで事前に準備してくる学生はあまりいません。しかし、「伝えたい」という強い思いが、自然と言葉を補い、説得力を増幅するための動きとなって現出します。

　ある女子学生は、説明しつつ、右足を軽く浮かせ、つま先で床にくるっと小さな円を描くような仕草をしました。授業終了後に聞いてみましたが、本人はまったく覚えていませんでした。しかし、彼女のそのほかの教授行為と合わせて解釈すると、彼女の右足は「わかってよ。わかってよ」と言っていました。

　学生教師は、こうした無意識の仕草や動作をたくさんおこないます。新人教師の場合も同様です。無駄な動きともいえますが、まったく効果がないというわけでもありません。

 ## 過剰なほどの「小道具（教材・教具）」で授業を演出する

　わたしの講義はとても元気がよいのが特徴です。以前、非常勤講師を務めた大学の学生から、「最初の２コマくらいまでは先生のテンションの高さに完全に引き気味でした。３コマ目くらいからだんだんテンションの高さに引き込まれていく自分がちょっと怖かったです」と感想をもらったほどです。

　学生たちに模擬授業をしてもらうと、わたしと同じような元気のよいふるまいが続出します。しかし、どのようなテンションで授業をおこなうかはその授業者のキャラクターによります。おしとやかな学生が授業をするのに無理にテンションを上げても教室は白けるだけです。おしとやかな学生はおし

とやかな学生なりの授業の盛り上げ方があります。

　その学生の授業は、本当に聞こえるか聞こえないかくらいの小さな声ではじまりました。教室には落ち着いた雰囲気が広がりましたが、子ども役の学生たちの視線を集めきれずにいました。

　ところが、その学生が手づくりのカードゲームを取り出した瞬間、教室は大きな歓声に包まれました。カードゲームはちょっと信じられないくらいに手の込んだ柄と色でつくられていて、わずか10分間の授業にそこまでかけるのか、と思わせるできばえでした。

　その後は、その学生の言葉がおもしろいように通るようになりました。授業後にインタビューをすると、「こういうのをつくるのが好きなんです」と返答がありました。これはもう、その学生の強烈な「強み」です。

　得意のイラストをいっぱいに描いた模造紙を黒板に貼る学生もいれば、10分間の授業に10個もの小道具を持ち出して、そのたびに子ども役から歓声を浴びる学生もいます。

　たしかに過剰な演出です。しかし、過剰な教材・教具づくりは、確実に教室を「その教材・教具をつくった教師らしさ」のある舞台に変えます。

 ## 机間指導のスタイルに教育観が表れる

　模擬授業では、教師役学生が子ども役学生にペア・グループ学習をさせ、そのあいだに机間指導をするという場面によくなります。しかし、はじめて授業をする学生にとっては、指導しながら教室を歩くという単純な行為がなかなかむずかしいのです。

　ペア・グループ学習をやらせているあいだ、ずっと黒板の前に立ち続け、子ども役学生たちの中に入っていかない教師役学生がいます。また子ども役の学生たちの中に入ろうとするものの、そばまで行って引き返す教師役学生もいます。

　そうかと思うと、最初から子ども役の中にどんどんと入っていき、そこでごく自然に会話（言葉かけ）をして授業を進めていく学生もいます。

　こうした動きに、学生の「教育観」が表れます。

　たとえば、同じように子ども役の中に入っていく机間指導でも、あちこちを動き回って学習の進行具合をチェックして回る学生と、一カ所にとどまってじっくりと話し込む学生がいます。

　授業に慣れない学生の多くは、教室全体の規律を気にします。そのため、

どうしても巡視型の机間指導になりがちです。そんな中で、「度胸よく」一つのグループにとどまって話を聞き、語りかけていた学生にインタビューをすると、「規律も大事だけれども、話を真剣に聞くことはそれよりも大事だと思ったから」などと答えます。初心者だからこそ、机間指導一つにも、教師としての考え方・価値観がはっきり表れるのです。

 ## アドリブにこそ本音が表れる

　授業を予定していた代表学生が、風邪のため授業を欠席したことがありました。代役として、わたしのゼミの学生に声をかけたところ、「指導プランはつくってありますが、事前準備はまったくしていません。でも、やらせてくれるのであればやります」という返事でした。

　こうして、全編アドリブでの授業がはじまりました。結果は、超のつくほど大好評でした。「いきおいがあった」「一人で授業しているんじゃなくて、子ども役の学生を巻き込んで授業していた」「子ども役の発言に心からうれしそうに言葉を返していた」といった感想がたくさん寄せられました。

　アドリブに授業者の本音（感情）が表れます。指導案という台本も大切ですが、授業中に飛び出すアドリブもまた重要です。教室という舞台では、アドリブがそこにいる子どもたちに大きな影響を与えるからです。

　とはいえ、言葉の厳密さをよしとする学生は、厳選した言葉を覚え、台詞のように話しがちです。しかし、それが可能なのは、模擬授業が10分と短いためです。その証拠に、たとえ10分間であっても、子ども役を立てた模擬授業では、アドリブなしで完璧に台本通りにやり通すことのできる学生はごくわずかです。（しかし、中にはそのような学生もいて、そのような学生は言葉の使用が厳密で美しいです）。

　ただし台本通りに授業を進める学生であっても、授業の中で子ども役学生に「とてもうれしいです」「いいところに気づいたねえ」「その感想、おもしろいです」などと、自分の感じたことを自己表現的に話す場面があります。そうしたアドリブで語り出す瞬間、その学生の授業に対する考え方（授業観）がおもしろいほど鮮明に表れます。

身体スキルを身につける方法

 一度にあれもこれもやろうとしない

　前掲『授業つくり上達法』の「まえがき」に、スキル習得の智恵を書いた次のような文章があります。

　一年に一つか二つか三つかでいい。そして、それがほぼ身についたときに、また、ほかの技術にアプローチするとよい。今度はもっと早く簡単に修得し、上達できるはずだ。一つのものが上達すれば、他のものへのアプローチは、はるかにたやすくなるものだからである。

　即戦力を求められることの多い現在の教育界にあっては、教師はつい、あれもこれも習得しなくてはと、焦りがちです。しかし、そうしたやり方は結局、中途半端なスキルをいくつも身につけるだけになってしまって、損をすることになります。大西氏が提案しているように、「一年に一つか二つか三つ」のペースが、本物の（教育的影響力のある）スキルを身につけるにはちょうどよいのです。

　もう少し説明すると、本物のスキルを1、2程度と、ほかのいくつかの一般的な（だれでも使うような）スキルを使い回すことが、若い教師の教育スキル活用戦略としてはベストの方法と言えそうです。一度にあれもこれもやろうとしないことです。

 「体験学習サイクル」をくり返す

　あるスキルをじっくりと身につけるにはどうしたらよいでしょうか。

　一つのベーシックなスキルを身につけるときの「体験学習サイクル」を理解し、それを手がかりにするとよいでしょう。

　オランダの教育学者、F・コルトハーヘン氏がＡＬＡＣＴモデルという体験学習サイクルを提案しています（ＡＬＡＣＴは、Action/Looking back

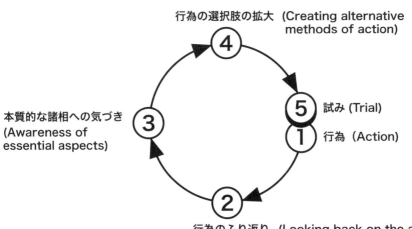

行為の選択肢の拡大 (Creating alternative methods of action)

④

本質的な諸相への気づき
(Awareness of
essential aspects)

③

⑤ 試み (Trial)

① 行為 （Action）

②

行為のふり返り (Looking back on the action)

出典：Ｆ・コルトハーヘン編著『教師教育学』（学文社、2010 年／ p54）

on the action/Awareness of essential aspects Creating alternative methods of action/ Trial の頭文字です）。

　ＡＬＡＣＴモデルとは、

①あるスキルをまず使う
②成功したのであれば、何がよかったのかをさまざまな角度からふり返る
③その中から一番のヒットポイント（成功要因）を特定する（この部分を
　しつこく追究することが大事です）
④ヒットポイントをもとに、そのスキルの別バージョンをつくって使って
　みる
⑤①〜④をくり返す

という方法論です。
　ＡＬＡＣＴモデルは、「自分自身の教育実践の中から一番のコツ（知恵）を取り出す」体験学習サイクルといえます。日常的な実践に活かすだけでなく、実践記録を作成する際にも役立ちます。単なる事実記録ではなく、成功要因を主張する実践記録をつくることができるのです。

「自分らしさ＝強み」を意識する

「自分らしさ＝強み」を意識することが大事です。

「冬場のベテラン教師は窓際を中心に机間指導する」という笑い話があります。ベテラン教師になると寒さに弱くなるので、日だまりが恋しくなるからです。これは明らかにベテランの弱点です。

ところが、ベテラン教師は机間指導のことを「ぶらぶらする」と言うのです。実際、ベテラン教師になると歩く速度が落ちます。若い教師が精力的に教室を歩き回るのに対して、ベテラン教師はゆっくりとひまそうに歩いているので、子どもは質問したり、話しかけたりしやすくなります。これはベテラン教師の強みです。

身体スキルを身につける際は、自分らしさ＝強み（弱みに見えることもあります）と、自分が核としている教育的信念を意識して、挑戦を重ねるとよいでしょう。自分の強みにこだわることで、身体スキルは子どもたちに対してより強い影響力を発揮します。

第2章 教師力を支える8つの身体スキル

黒板に4割

あ

子どもに6割

1 黒板に子どもの視線を集める

　子どもたちの視線を一点に集めると、授業に集中させることができます。普通は教師に視線を集めますが、その視線に教師自身が落ち着かなさや不安を感じて、説明がつい冗長になったりすることがあります。

　子どもの視線を、教師でなく、黒板に書かれた板書内容に誘導すると、教師の不安や緊張が和らぎ、リラックスした状態で説明することができます。

① 説明する前に黒板に簡単な図や絵を描いておきます。
② 黒板の図や絵を示し、「これを見てください」と子どもの視線をそこに誘導します。
③ 子どもの状態を見ながらゆっくり説明していきます。

 **思考でリフレクション！**

　あなたは授業中、子どもたちの集中度合いなどを観察しながら説明できていますか？

　たとえば、だれとだれがあなたの説明にうなずいているか見えていますか。あなたの意識が説明をすることだけに向いてしまっていないでしょうか。

身体でリフレクション！

　教師として何年か経験を積むうち、子どもたちの前で話すことに対する不安や苦手意識は徐々にうすれていきます。しかし、不安がまったくなくなってしまうわけではなく、説明の仕方に慣れるだけです。そうした不安や怖れが身体に現れていないかたしかめてみましょう。

> ① あなたは両足を踏ん張って立っていませんか？
> ② あなたの両手は不自然な形で固まっていませんか？
> ③ あなたは眉間にシワを寄せて話していませんか？

　もし、不安が身体に現れているようならば、子どもたちの視線を自分以外のものに誘導して、自分の身体を少し楽にする工夫をしてみましょう。それまでより落ち着いて説明をすることができるでしょう。

　「板書に子どもたちの視線を集める」のは、その簡単な方法の一つです。ほかにも、教師が主導する一斉授業ではなく、協同学習やグループワーク、アクティブ・ラーニングといった、子どもが主体となって学ぶ授業へと授業スタイルを変えてみることも一つのアイデアです。

　これらの新しい学習スタイルでは、子どもたちの話し合い活動が中心となるため、教師はそのようすを見守りながら授業することができます。そのため、教師は一斉型授業よりもずっとリラックスして話をすることができます。

スキル 1
仕草・動作・姿勢の教師スキル

第2章　教師力を支える8つの身体スキル　25

2 四分六の構えで板書する

　若い教師とベテラン教師とでは、板書時の意識の向け方が異なります。若手教師は、教科の内容を正しく伝えることにすべての意識を向けがちですが、優秀なベテラン教師は、教科内容を正しく伝えるために、板書をしながら、その板書を写している子どもたちにも十分な視線を向けます。

　意識を向ける割合は、４割ぐらいが板書、６割ぐらいが子どもたちです。これを格言化したものが「四分六の構え」です。

スキルの
要点

黒板に4割

子どもに
6割

① 板書中、子どもたちを見るという意識をつねにもちます。
② 視線の４割を黒板に、残りの６割を子どもたちに向けます。
③ 身体も同様に、４割黒板、６割を子どもたちに向けます。

思考でリフレクション！

あなたは、板書中、子どもたちが、どのような姿勢、仕草・動作、表情をしているかを見ていますか？

子どもたちを学びへと導くには、教師の伝えようとする中身が、子どもたちにどのように伝わっているかをつねにモニタリングしていなければなりません。板書中、身体や顔を完全に黒板の方に向けてしまうと、教師の意識は「教える内容」にだけ向かってしまい、子どもの学びをサポートする意識が途切れてしまいます。それまで子どもたちとつくってきた授業の流れ（相互作用）がストップしてしまいます。

身体でリフレクション！

モニタリングの感覚を鍛えるために「参加型板書」と呼ばれる新しい板書スタイルが役に立ちます。

① 子どもに単語を板書させてみましょう。
② 子どもに一文レベルの板書をさせてみましょう。
③ 子どもに絵や図を板書させてみましょう。

通常、板書は教師がおこないます。しかし、参加型板書では、子どもに板書させます。

「○○○○の感想をズバリとひと言で述べてください」というような多様な答えの出る発問をし、答えを各自のノートに書かせてから、指名して自分の答えを黒板に書かせます。そして、子どもの板書をほかの子どもたちに視写させます。

教師は板書する子どもと、それを視写する子どもたちのようすを関係づけながら観察をします。つまり、板書している子の後ろで視写する子どもたちがどのタイミングで視写に着手して、どのぐらいのスピードでそれを書き終えるかを見ることができます。

「背中で子どもを見られるようになればベテランの域」という言葉があります。さまざまなバリエーションで参加型板書をおこなって、子どもをモニタリングし、板書と視写の関係を想像できるようにしましょう。

3 動きを止めて 関心の強さを示す

　子どもが朝のスピーチをしているとき、そのスピーチ内容に教師が無関心であったらどうでしょう。子どもはスピーチをする意欲を失います。一方、教師がそのスピーチに関心を示して聞き入る姿勢を示したとしたら、子どもたちは「よし、わたしもあんな風にスピーチをがんばろう！」と思うはずです。

　子どもたちの話を熱心に聞き入る教師の姿が、子どもの心に意欲の火を灯します。それは下手なほめ言葉より、ずっと影響力があります。

① 子どもが発言・発表するときは、身体を少し前傾させて聞きます。
② 子どもの発言・発表に軽くうなずきながら聞きます。
③ 子どもから見える場所に立って、聞く姿を見せます。

🔄 思考でリフレクション！

　子どもが発言や発表をするとき、あなたはその一番の聞き手になっているでしょうか。授業を進めるための、正解を探すだけの聞き方になっていませんか。発言・発表の瞬間、教師は、その子どもの一番のファンになることが理想です。

　教師が強い関心を持っていることを子どもたちに示す方法を考えます。

🔄 身体でリフレクション！

　たとえば、グループ学習の発表会のような場面で、子どもたちが中心となって発表会が進行するのはとてもよいことですが、子どもたちの発表に、教師が十分関心を払っていないことがあります。もったいないです。教師の関心度合いは、子どもたちの意欲にもっとも強い影響を与えるからです。

> ① あなたは、発表を聞くのに一番よい場所を探し、その場所に立っていますか？
> ② あなたは、子どもたちの発表のよい点を具体的に記憶や記録をしていますか？
> ③ あなたは、子どもの発表のよかった点に、リアクションできていますか。

　子どもたちが発表する際、教師はそれを正面から受け止められるように、教室の一番よい位置に立ちます。

　教師が立つ場所は、子どもたちからもよく見える場所が最適です。教師が強い関心を持っているということを、子どもたちに広く知らしめられるからです。

　発表がはじまったら、子どもたちの発表のどこがよいか、映像イメージとして頭に焼きつくくらい一生懸命に見ます。忘れてしまいそうならばメモを取ります。教師は多忙ですが、発表中にドリルの丸つけをするなどの、発表とは関係のない行為は避けます。

　発表にはできる限りリアクションをします。教師のリアクション（おもしろがり方）が、子どもたちの見方を教育します。教師がリアクションをすることで、子どもたちもそれに感染して、同じように、「おおっ」「へぇぇ」と反応するようになっていきます。

スキル1

4 特定の子どもに話しかけつつ全体に説明する

　子どもたち全員が理解できるように説明をするのは、案外とむずかしいものです。学級全体に説明する場合、子どもたちの反応を一つずつたしかめることはむずかしいからです。

　そこで、特定の子どもに話しかけるように説明します。ただし、クラス全員に聞こえるように大きな声で話します。ほかの子どもには、それを盗み聞きするように聞かせるのです。教師は一人の子の反応を見ながら話せますので、説明するのが少しラクになります。

① 話しかける子どもを決め、少し（あるいは大胆に）近づきます。教科・単元によって、話しかける子どもを変えます。
② 子どもの名前を呼んだり、くだけた言葉を使ったり、視線を合わせたりして、雑談の雰囲気を演出し、説明します。
③ クラス全体に聞こえるような大きな声で話します。
④ その子の反応をたしかめつつ、教室全体にも確認します。

思考でリフレクション！

　あなたは、子どもたちに説明が通用するときとしないときの違いを意識していますか。通用する／しないの違いは、子どもたちが授業に集中しているか否かで判断する教師が多いようです。いきおい、「○○○○しなさい」というように、注意や集中を促す言葉を連発しがちです。

　しかし、説明の通用する／しないは、教師の話術に起因することも少なくありません。

身体でリフレクション！

　アクティブ・ラーニングの授業では、冒頭で活動の全体像を説明します。まず、ひと通り説明した後、質問がないか尋ねるのがコツです。そして質問してくれた子どもを相手に、質問点を踏まえつつ、やや砕けた調子で2回目の説明をします。こうすると、子どもたちはずっと納得しやすくなります。

---

① 最初の説明は、プリントの箇条書きなどをそのまま読み上げます。
② 説明後、質問がないか尋ね、質問者に答えるように説明します。
③ グループワークなどでは、具体的に動いてもらって説明します。

　いま教室には、勉強の苦手な子や外国ルーツの子など、多様な子どもたちが在籍しています。

　テレビのニュースやバラエティ番組などでも、あの手この手で最低3回は説明しています。あなたは、子どもたちに対する説明のバリエーションをいくつ持っているでしょうか。

　基本は、文字を見せつつ説明するという方法です。意外と知られていない手法は、だれか1人と会話するようにして、それを盗み聞き的構造で全体に聞かせる方法です。テレビでは、この手法が多用されます。淡々と説明するだけでなく、軽妙でやや砕けた調子の説明もできているか、ふり返ってみましょう。

　「授業らしさ」にこだわり過ぎ、一本調子で説明するだけではなかなか伝わりません。ちなみに、最終手段は、実際に動いてみせながら説明する方法でしょう。

スキル1
5 子どもの身体に 軽くタッチする

　教師と子どもたちのあいだにある基本的な関係性は「厳しさ」です。しかし、厳しさだけでは子どもは育ちません。

　たとえば言葉による勉強が苦手な子がいます。感情が不安定な子がいます。人間関係づくりの苦手な子がいます。こうした子どもたちには、厳しさと同時に、それぞれの子に合ったケア（配慮・世話）が必要です。それがタッチです。教室の中で、絶対的存在である教師が、少数派の存在に関心を向けることで、教室は微妙な化学変化を起こします。

① グループワークのときに、自由にグループづくりをさせます。
② 仲よしグループなどを中心に多数派と少数派が生まれます。
③ 教師は少数派の子に近づき、肩などに軽くタッチし、親しみを込めて話しかけます。

🔄 思考でリフレクション！

　あなたは、教室の中の少数派に対してケアの意識を持っているでしょうか。勉強が苦手、感情が不安定、外国にルーツを持つなど、さまざまな要素が教室に多数派の「強気」と、少数派の「不安」をつくりだしています。

　教師は、少数派の子どもの不安に敏感でなければなりません。

🔄 身体でリフレクション！

　大学生でも、女子5人対男子1人のようなグループになると、男子学生は肩身が狭そうにしています。そのようなグループができ上がったとき、わたしはその男子学生にすっと近づいて、肩のあたりに軽くタッチし、「彼のことを面倒みてね」と、ほかの女子学生に声をかけます。すると女子学生たちは「大丈夫です」と笑顔を見せてくれ、男子学生も安心をした表情になります。

> ① あなたは、子どものオシャレな持ち物を写真に撮ったり、購入先を聞いたりしていますか。
> ② あなたは、みんなと違う発言をした子どもの発言内容をメモしていますか。
> ③ あなたは、グループの中の少数派の子どもに軽くタッチしていますか。

　あなたは、子どものおしゃれやユニークな発言、さまざまな少数派の存在にどのように身を寄せているでしょうか。

　わたしは、普段から上記のようなことを少しだけ意識し、「少数派」に身を寄せるような発言をしたり、行動をしたりするように心がけています。

　それでも、あるとき、ロリータファッションの学生に対して、「やっぱり少し引くかもっ」とつぶやいてしまい、それまで楽しく会話していた学生から「先生がそれを言っちゃダメです」と厳しいダメ出しを受けたことがあります。

　教師はいつも教室の中の少数派の味方として動くよう、肝に銘じる必要があります。

1 目印を身にまとう

　教師とは、一つのメディア（媒体）です。教師を媒体として、子どもたちとの価値のコミュニケーションが起こります。

　たとえば、東南アジアの学校では、教師が民族衣装に身を包んで子どもたちを教えているという光景を目にします。教師の着ているその民族衣装を目にすることで、子どもたちは、教師が伝統文化を大切にしていることを無意識のうちに感得します。教師としての好き・理想・強みを自覚し、それを言葉以外の方法でも発信できるようにしたいです。

① 教師としての好き・理想・強みを自覚します。
② それを具現化するモノをコレクションします。
③ コレクションの一部を身につけます。
④ 子どもとの会話の中でその意味（努力）を語ります。
⑤ 授業でもできるだけコレクションを例にして話をします。

思考でリフレクション！

　子どもたちによい影響を与える教育をしようとするならば、その中心に教師として大切にしている価値（理想）を据えることが必要です。価値（理想）が意識されていない教育は、損得だけの教育になりがちです。損得の教育を超えていくためには価値（理想）のリフレクションが必要です。

　あなたが教師として大切にしている価値（好きなこと／理想）は何でしょうか。あなたはその価値をいつも意識していますか。自分の実践をふり返るとき、自分が大切にしている価値を意識することでふり返りが深くなります。

 身体でリフレクション！

あなたが教師として大切にしている価値を子どもたちと共有する工夫をしましょう。

> ① あなたは、何か収集しているキャラクターがありますか？
> ② あなたは、どんなファッションが好きですか？
> ③ あなたが行きたい外国はどこですか？

　自分の「好き」を意識することが子どもたちとの価値共有の出発点になります。

　わたしの一番好きなキャラクターは「スティッチ」です。悪の天才科学者に創り出された怪物ですが、少女リロとの出会いで変化が現れ、自分の居場所と家族を探しはじめます。いわゆる「よい子」でない点が気になります。わたしは、自分で自分を上手にコントロールすることが苦手な子どもの教育に関心があるからです。

　ファッションでは、ジャケットの襟にプチタイやピンバッチをよくつけています。すべて妻からのプレゼントです。好きな国はタイです。「微笑みの国」と呼ばれるタイの秘密を知りたくて通いつめています。

　好きなキャラクターもファッションも外国も教師個人の価値の世界です。そうした価値を子どもとやりとりすることは、大事なことだと思っています。そのために小物を集めたり、身にまとったり。これも大事なリフレクションです。

これは、教師が授業などで計画的におこなう教育とは違います。自分の好き・理想・強みを身にまとったり、小物を教室に持ち込んだり、そうする中で自然と生まれる子どもたちとの他愛のない会話の中で自然と伝わる無意識の教育です。大事な訓育です。

スキル2

② 「好き」を笑顔で語る

スピーチの授業の鉄板ネタは「好きなものスピーチ」です。

自分の好きなラーメンや、おじいちゃんからもらったお守り、大好きなディズニーキャラクターなどについて、それがどんなものか、どうして好きかなどをスピーチします。ほぼ100パーセント、笑顔のスピーチ大会になります。

「好きなものスピーチ」は、教室を温かい空気に変えます。自分の「好き」を笑顔で語れる教師になりたいものです。

① 授業の合間にする雑談で、教師の人柄を伝えます。
② 自分の「好き」を自覚し、雑談でそれを披露します。
③ いつ・どこで・こんなことがあった・こう思ったの構成で話します。
④ 描写・会話・オノマトペを使って手短に事実を伝えます。

　子どもたちはあなたの「好きなもの／こと」を知っているでしょうか。もし子どもたちがあなたの好きなものや、理想、強みを知らないとしたら、とても残念なことです。子どもたちとの普段のコミュニケーションをふり返ってみましょう。

　アイヴァー・F・グッドソン著『教師のライフヒストリー』（晃洋書房、2001 年）という本があります。教師は教育実践のみに生きているのではなく、普段の生活の中で一人の人間としての価値を生きているということを書いた有名な研究書です。教師は子どもたちにもっと自身の「好き」を語るべきです。

> ① あなたは、自分の好きな食べ物を子どもたちに語っていますか？
> ② あなたは、自分の好きなこと・趣味を子どもたちに語っていますか？
> ③ あなたは、自分のプライベートを子どもたちに語っていますか？

　わたしは、フェイスブックで自分の「好き（楽しい）と感じたこと」を書くようにしています。中でも、「食べ物ネタ（タイ料理）」や「リラックスネタ（お笑い情報）」や「日常生活ネタ（妻と過ごす日々の出来事）」について書くことが多いです。これらは大学の授業などでもよく話すネタ（例話の材料）になります。

　わたしの専門は、授業（教材）開発です。授業開発に熱中する教師たちに関心があります。しかし、おもしろい授業をする教師は、その生活ぶりもおもしろいと実感しています。彼らの多くは、自分の「好きなこと」（楽しいと感じること）に貪欲です。

　自分の「好きなこと」はくり返しおこないます。そこに自分らしい「学びのしかけ」があり、じつはそれが授業開発の大きな鍵にもなるのです。

スキル2

③ 得意技をつくり出す

　すぐれた教師は、自分のよく使う得意技と、だれでも使う標準技を組み合わせています。たとえば、10の技を使うとして、その中にかならず自分の得意技があります。

　得意技は特殊な技である必要はありません。自分の価値観や理想にかなったこだわりの技であることがポイントです。そのこだわりが、その技をほかの教師よりも得意にし、子どもたちに対してより大きな影響力を与える技にします。

スキルの
要点

今から
鉛筆対談を
します

① 自分が好きな（よく使う）教育技術を意識します。
② 自分の好きな教育技術を「こだわりの教育技術」として磨きます。
③ 標準技との組み合わせを工夫します。

　あなたは、自分が授業中にくり返し使う教育技術を意識していますか？「くり返し使う教育技術」は、無意識に使っている場合と意識的に使っている場合があります。「くり返し使う教育技術」を「こだわりの教育技術」にするためには、それを使うたびにリフレクションして、その効果（影響力）を高めることが必要です。そうすれば、「くり返し使う教育技術」は「こだわりの教育技術＝得意技」になります。

　わたしのこだわりの教育技術の一つに「鉛筆対談」があります。いわゆる「筆談」です。

　まず2人1組になります。「好きな教科は何ですか？」のようにテーマを決めて、2人でおしゃべりのように筆談します。「わたしは理科が好き！」「どこが好き？」「実験できるから。キミは？」「体育‼」「あっ、やっぱり」「だって体を動かせるから」などと筆談でやりとりをします。対談時間は10分程度です。鉛筆対談は、小学生にも大学生にも大人気の作文的な学びになります。

---

　① あなたは、「こだわりの教育技術」をつくり出したことがありますか？
　② あなたは、「こだわりの教育技術」を実践記録に書いたことはありますか？
　③ あなたは、「こだわりの教育技術」をほかの教師に教えたことがありますか？

　鉛筆対談は、もともと生活綴り方教育で会話文を指導するための裏技でした。わたしは、それをあるテーマを追究するためのインタビュースキルとして取り出して、磨きをかけました。

　当時のわたしの教育実践の理想は「追究の学び」をつくり出すことでした。そのためにインタビュースキルが必要でした。そこで、さまざまな先行研究を調べ、鉛筆対談を探し出しました。そして何度も試行錯誤をくり返しながら、自分なりのこだわりの教育技術に仕上げたのです。

　そうして身につけた鉛筆対談を、わたしは実践記録に書きました。その際、それを標準化し、だれでも真似のできるように工夫しました。さらに、鉛筆対談をほかの教師に教える際には、指導上のポイントや留意点を明確にして教えました。

　このように、自分のこだわりの教育技術を書いて他者に伝えたり、教えたりすることでも、技術が磨かれていきます。ほかの教師にも「これが得意技です」と言えるようになります。こういうふうにこだわりの教育技術を一つ二つと増やしていきたいものです。

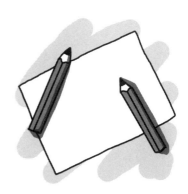

スキル2

4 決めゼリフを工夫する

　教師には、教室でよく口にする決めゼリフがあります。ときに「○○先生節」とも評されます。教師は、この「○○先生節」に代表されるような話し言葉のロジックによって、子どもたちを勇気づけます。

　一度きりの話もありますが、同じ話を何度もくり返し聞かせることで、子どもたちへの影響力を増すことができます。教師の言葉は「緩慢なる催眠術」とも言えるのです。教師として自分らしい決めゼリフをつくる努力をすることが大切です。

① いろいろな本を読み、「これは」と思う名言・至言を収集します。

③ 収集した名言・至言の中から、自分らしいセリフを厳選し、その言葉に自分なりのアレンジを加えて、くり返し使います。

③ 子どもの反応を見ながら厳選を重ねていきます。

思考でリフレクション！

　あなたは教師としての決めゼリフを持っていますか？　それは、あなたらしさ＝強み・教育理念・理想に基づいたセリフですか？　自分らしい決めゼリフを意識して使ってみましょう。そして、そのセリフに対する子どもたちの反応を注意深く観察しましょう。

　そのくり返しによって、あなたらしさ＝強み・教育理念・理想は磨かれて、身体化していきます。

 身体でリフレクション！

　決めゼリフを身体化させるためには、それをくり返し使ってみるしかありません。しかし、この単純で非常に効果の高い方法を意識的におこなっている教師は意外と少ないようです。大変もったいないことです。

　自分らしい決めゼリフをつくって、それに磨きをかけていきましょう。

> ① あなたは、流行りのフレーズを決めゼリフにしていませんか？
> ② あなたは、そのセリフをもとに自分の教室実践をふり返っていますか？
> ③ あなたは、そのセリフの原典を折にふれて読み返していますか？

　教育界で流行しているフレーズを自分の決めゼリフにしている教師がいます。教育界の流行語を使うと、流行しているギャグを使うのと同じで、たしかにしばらくは盛り上がりますが、長続きしないことが多いのです。

　自分の強みに基づいた決めゼリフを生み出すためには、決めゼリフと過去に自分の教室であったエピソードを結びつけて何度も語ることです。そうする中で、教師はよりインパクトのある決めゼリフを言えるようになり、子どもたちにその価値を浸透させられるようになります。

　ただし、自分流の言い方で何度も言っているうちに、決めゼリフの軸がぶれて、意味が曖昧になることがあります。たとえば、セネカの「人は教えることによって、もっともよく学ぶ」は「教え合い、大事かな！」と同義ではないです。セネカは、ほかの学習方法と比べたとき、「人に教える」ことは、より効果の高い学び方だと言っているのです。決めゼリフを自分流にずらしつつ使っていると、そうした価値軸がズレてきます。折にふれ、原典の言葉を読み返してみるとよいです。

スキル2

5 授業スタイルを決める

　日々の授業を安定的におこなうには、授業スタイルを決めることが大事です。授業スタイルとは「授業における『その教師らしさ』あるいは『〇〇流』」のことです。毎日違ったパターンの授業をしていては準備が大変ですし、「くり返しによる影響力の増大」効果もあまり望めません。

　「正しい授業スタイル」はありません。自分に合っていると思う授業スタイルを見つけ、それを磨いていくことが大事です。

① 多様な考えがたくさん出てくる課題を探します。
② 子どもたちが飽きないように、次々と発表させます。
③ 「おもしろい」とつぶやき、興味を示します。

 **思考でリフレクション！**

　あなたの授業スタイルには、子どもたちが安心して学べる学びのしかけがありますか？　たとえば、正誤のはっきりした問いだけで授業を構成すると、答えに自信のない子は「間違えたら恥ずかしい」と発言をためらうようになります。また、正答が一つしかない問いに挙手指名で答えさせると、頭の回転の速い子だけが活躍する授業になります。どちらも安心して学べる授業スタイルとは言えないでしょう。

　教師の教えやすさだけではなく、子どもたちの学びやすさもつねに考えます。日々くり返す授業スタイルだからこそ、子どもの学習反応をモニターし続ける必要があります。

身体でリフレクション！

　授業スタイルが定まることで、教師の所作（ふるまいや行動の仕方）が安定してきます。

　しかし、授業が安定的にできるようになると、自分の授業スタイルに対するリフレクションが弱くなってしまいがちです。そこに落とし穴が生まれます。自分の授業スタイルをより意識的にリフレクションするように心がけます。

> ① あなたは、授業スタイルの細部をつめる授業プランを書いていますか？
> ② その授業スタイルで、子どもたちに「学びのフロー体験」（夢中になる体験）が生まれていますか？
> ③ あなたは違った授業スタイルにも挑戦していますか？

　授業スタイルが一定してくると、授業準備が楽になります。しかし、まったく準備しなくなるのは危険です。教師の慣れが、子どものモチベーションを低下させるからです。しばらくは、毎日授業プランを書くというような覚悟が必要です。

　次に授業スタイルが安定してきたら、それが機能しているかどうかモニターします。授業中に子どもたちが「もっと授業を続けたい」「授業が終わってしまうのが残念だな」と思うような「フロー体験」が生まれているかが一つの目安です。

授業スタイルがしっかりと固まったら、そのスタイルとは異なる授業パターンにも挑戦してみるとよいでしょう。あなたが毎日くり返している授業スタイルに新しい刺激が生まれます。そのことであなたは一段上のリフレクションができるようになります。

スキル3

1 アクション・ゾーンを意識する

　ごくまれに、挙手した子どもとだけ授業をする教師がいます。「アクション・ゾーン」と呼ばれる研究によると、教室の前方と中央では、教師と子どもとのやりとり（相互作用）が頻繁におこなわれるといいます。そのゾーンでは、教師は無意識に子どもたちとの相互作用を高めているのです。

　一部の子どもたちとだけではなく、全体を視野に収め、教室全体で授業を進められているかどうかを意識してチェックすることが重要です。

① 挙手指名以外の指名方法を意識的に導入します。
② たとえば机列指名によって発言や発表をさせ、指名する列を次々に変えます。これによって指名・発表の落ちや漏れ、偏りがなくなります。

思考でリフレクション！

　あなたは、積極的に手を挙げてくれたり、教師の意図を素早く察知してくれる優等生だけと授業を進めていませんか？　あるいは、アクション・ゾーンのように、なんとなく、指名しやすいところに座っている子どもへの指名が多かったりしていませんか？

　自分がだれを指名して授業を進めたか、一週間程度記録してみましょう。いままで気づけなかった指名の偏りがわかる可能性があります。

身体でリフレクション！

　教師になって最初の数年間は、安定した授業をすることだけに意識が向きがちです。そのため、反応の速い子ども、教師の意図を察して上手に答えてくれる子ども、なんとなく指名しやすい場所に座っている子どもなどを中心に授業を進めがちです。しかし、いつまでもそのような授業の仕方をしていては、教室内の相互作用に偏りが生まれてしまいます。

> ① あなたは、だれでも簡単に答えられる質問を用意していますか？
> ② あなたは、多様な答えが生まれる発問を用意していますか？
> ③ あなたは、特定の子どものための特別な質問を用意していますか？

　教師と子どもの「相互作用」を考えるときのポイントの一つに、発問と課題があります。

　たとえば、一定の知識が必要な発問や課題ばかりで授業を展開していては、知識のない子どもたちは答えることができず、徐々に授業から脱落してしまいます。脱落者を出さないための発問・質問を工夫する必要があります。

　一つは、だれでも答えられるような簡単な質問です。また、多様な答えが生まれる発問も大事です。たとえば、「夏を連想する言葉を挙げてください」「足したら 10 になる足し算を考えましょう」「知っている花の名前をできるだけたくさん挙げてください」といった質問です。

　特定の子どものためだけの質問があってもよいでしょう。最近は、自分の興味や関心にこだわって記憶し考える子どもが増えています。特別支援を要するとまではいかなくても、そうしたこだわりのある子が増えていま

す。そんな子たちたちも活躍できる教室づくりができるような発問・質問・課題などの工夫ができるとよいでしょう。

スキル3

2 子どもたちから 離れた場所に立つ

　教室に立つときは、子どもとの距離を意識することが必要です。

　若い教師を観察すると、ベテラン教師よりも子どもたちに近い位置に立つことが多いようです。

　子どもに寄り添いたいという意識の表れだと推測されますが、時と場合に応じて、子どもたちから意識的に離れて立つことも必要です。教育には、子どもとの距離が必要な場面もあるからです。

スキルの
要点

体育は
少しの気の
ゆるみが
危険に
つながります。
集中しましょう

5メートル

① 子どもたちを統率するのか、支援するのかを考えます。
② 子どもたちを統率する場合は、子ども集団全体を視野の中に収めることができるところまで、あえて離れます。
③ 子どもたちを見渡せるか否かをチェックします。

思考でリフレクション！

　教室で、子どもたちを統率する場合と支援する場合とで、あなたは自分の立ち位置を意識的に変えているでしょうか。

　子どもたちはあなたの話を耳だけで聞くわけではありません。目からの情報も重要です。威儀を正して話し出すあなたの姿勢を子どもたちに見せることが、子どもたちの無意識に「リーダーの指令に意識を集中せよ」という信号を送ることになります。

 身体でリフレクション！

　授業開始時は、意識して子どもたちと距離を置いて立ちます。子どもの前に全身をさらして最初のひと言を話します。グループワークなど、作業がはじまってからも、すぐデスクに座るのではなく、しばらくは目立つところに立ち続け、仕草や動作、姿勢など、子どもたちのようすを観察し続けることが大事です。

> ① あなたは、子どもたちの緊張を感じていますか？
> ② あなたは、子どもたちの集中を感じていますか？
> ③ あなたは、子どもたちの飽きを感じていますか？

　授業の冒頭、教師が距離を取り、威儀を正して話しはじめると、子どもたちは少しだけ緊張します。緊張していない顔をしていてもドキドキします。ドキドキしながら教師の声を聞きはじめます。

　授業がある程度軌道に乗ってくると、子どもたちの緊張はほぐれ、作業に集中し、没頭していきます。教師は少し離れたところから、子どもたちの緊張・集中・没頭を観察して感じ取ることが必要です。

　残念なことですが、授業がだれてしまい、子どもたちが飽きてしまうことがあります。そんなとき、教師が子どもたちから距離を置いて立っていれば、子どもたちに対してリーダーとしての存在感を示すことができます。さらに、子どもたちのようすをモニターして変化を真っ先にキャッチすることができ、次の一手を考えて状況を立て直すことができるようになります。

3 近寄って見守る

　子どもたちを統率したり、リーダーとしての存在感を示したり、モニターしたりするときには、子どもたちから距離を取ることが必要でしたが、子どもたちの学びを見守り、支援をするときには、子どもたちに近寄って見守ることが必要です。

　そうすることで、教師と子どもとのあいだに親密で温かみのある「近しさ」の感情が生まれます。同時に、子どもたちのさまざまな「困り感」を素早く察知して、臨機応変に対応できる可能性が高まります。

① 作業・活動の指示をした後、子どもたち（座席）にゆっくりと、笑顔で近寄ります。
② 子どもたちの集中度合い、話し合いの姿勢（どんな姿勢で、どこを向いて話しているか）などに気をつけてモニターします。
③ そっぽを向いて座っている子を見つけたら「困ってない？」とやさしく声をかけます。

思考でリフレクション！

　あなたは、あなたの指示内容が子どもたちにどのように伝わっているかをモニターしていますか？　あなたの指示内容は、間違いなく子どもたちに伝わっているでしょうか？

　子どもたちに近寄ることで、指示の内容をきちんと理解できているか、とまどいや不安がないかを観察できます。

　子ども一人ひとりに親しげに声をかけてみるのも役立ちます。

 身体でリフレクション！

　アクティブ・ラーニングが当たり前になりつつある昨今、子どもたちの学びを見守る教師の身体スキルがますます重要になっています。アクティブ・ラーニングでは、子どもたちの作業・活動への集中度や没入度が、学びの深さを決定することになるからです。

> ① **あなたは、学級集団に近寄ることで何が見えますか？**
> ② **あなたは、グループに近寄ることで何が見えますか？**
> ③ **あなたは、子どもに近寄ることで何が見えますか？**

　グループ学習を指示すると、各グループをつい一つのかたまりと見てしまいがちです。

　しかし、子どもは決して一様ではありません。たとえば、教師の指示を聞く構えや能力にも大きな違いがあります。作業・活動の指示の後には、かならず子どもたちに近寄り、ようすをモニターします。

　グループとして活動する際には、グループ中の学び合い（相互確認）が発生します。しかし、すべてのグループにそうした学び合いが発生するわけではありません。そうでないグループの動きを見守ることが大事です。

　個人の作業を指示した場合は、作業時間の差が大きくなります。どんどん先に進む子ども、なかなか作業をはじめない子どもなど、さまざまです。子ども一人ひとりの動きをチェックし、臨機応変のケアができるようにしましょう。

スキル3
4 教室をゆっくりと歩く

アクティブ・ラーニング時代の中核的スキルの一つに、机間指導があります。教師が主導する板書や発問のような伝統的スキルがなくなるわけではありませんが、子どもたちのグループ作業や活動を見守りつつ助言するには、机間指導が必須スキルとなります。

アクティブ・ラーニングでは、子どもの体験の質が向上することで学びが深まっていきますが、机間指導はその体験の質を向上させるカギとなるからです。

① すべての子どもを見回れる巡視路を2つ以上決めます。
② 少しだけゆっくり歩きます。
③ あらかじめ指導したい子どもを決めておき、指導します。

🔄 思考でリフレクション！

机間指導をするとき、あなたは教室をくまなく歩いていますか？

気になる子どもの近くだけをめぐって、教室前の位置に戻ってしまう教師がいます。

それでは子どもの体験の質を上げることはできません。

🔄 身体でリフレクション！

大西忠治氏は『授業つくり上達法』（民衆社、1987 年）の中で、教師の机間指導には次の 5 つの型があると述べています。

①教壇密着型（教室の前の方だけみる）、②時計型（右回りばかりする）、③鉄砲玉型（まっすぐ行ってまっすぐ帰る）、④駅伝型（ていねいに見るので全員を回り切れない）、⑤スポーツ型（運動として動き回るだけ）。

自分の型を自覚することが必要です。

① あなたは、急ぎ足で歩いていませんか？
② あなたは、決まったコースだけを歩いていませんか？
③ あなたは、一部の子だけを指導していませんか？

教室を早足に歩くクセがついている教師がいます。若い教師によく見られます。机間指導では、教師が子どもに確認や助言をするだけでなく、子どもからも教師に質問や提案などができるようにすることが大切です。それによって子どもたちの不安を少なくさせ、小さな困り感を取り除くことができるからです。意識してゆっくりと歩きます。

あらかじめ巡視路を意識して決めておかないと、毎回、思いつきで回ることになります。いきおい気になる子を指導するだけになったり、反対に、授業展開に都合のよい優等生だけを見て回ることになったりしがちです。

机間巡視をするときのクセを自覚して、教室全体を見渡せるようになりましょう。

1 時間を短く区切って活動をまかせる

　授業時間の45分を休憩もせずにずっと集中しているのは、大人でも大変です。

　たとえば、テレビで放送される漫才は、1本がおよそ4分間です。それ以上長いと、視聴者が飽きてしまうからです。

　学習課題を与える際にも、最初は短く区切って与えるとよいでしょう。そうすることで、子どもたちを集中させることができます。

① 課題提示後に「○分間でやります」と時間の指示を出します。
② 課題ごと時間の指示を出すことによって、子どもたちは集中します。短い時間の中で集中して学ぶ感覚を徐々に身につけます。
③ 教師もタイムマネジメントの感覚が身につきます。

思考でリフレクション！

　あなたは、課題を提示する際、活動（作業）時間を合わせて指示していますか？

　慣れないうちは、課題ごとに活動（作業）時間を指示すると、教師も子どもも窮屈な感じがするでしょう。しかし、時間を限定して課題に取り組ませることで、子どもは集中するクセが身につき、子どもなりのタイムマネジメントの感覚も身につきます。

身体でリフレクション！

　アクティブ・ラーニング型の授業が徐々に当たり前になるにつれて、子どもたちの活動時間が増えています。従来型の授業では、教師が学習手順をその都度指示し、子どもはそれにしたがって作業するだけでしたが、アクティブ・ラーニング型の授業では、子どもたち自身が、手順を考え、タイムマネジメントしながら活動をします。

> ① あなたは、「時間は1分です」という指示を出していますか？
> ② あなたは、「時間は3分です」という指示を出していますか？
> ③ あなたは、「時間は10分です」という指示を出していますか？

　アクティブ・ラーニング型の授業では、すべての教師に「まかせる」技術が要求されます。担任している子どもたちにある活動をさせる場合、何分くらいであれば「まかせる」ことができるでしょうか。

　まずは、「1分で」「3分で」「10分で」といった、短い時間での活動を、自信を持って指示できるようになるとよいでしょう。そのためには、子どもの状態を把握し、この課題であればこのくらいの時間と、課題内容から活動時間を予測できるようにならなくてはなりません。

　その後、活動時間を徐々に延ばしていくと、20分、30分という活動もまかせられるようになっていきます。

スキル4

2 最初の5分間に全力を尽くす

　教師が説明すれば、その内容が子どもたちに自動的に伝わるわけではありません。とくに最近は、学習活動への切り替えが苦手な子どもたちが増えています。

　教師は授業開始の5分間に全力を尽くし、教室によい雰囲気や楽しい雰囲気をつくり出すことが必要です。教室によい雰囲気をつくるには、導入でのひと工夫が必要です。そのひと工夫によって、子どもをリラックスさせ、表情を明るくすることができるとよいでしょう。

① 硬い、やわらかいなど、教室の雰囲気に焦点を当てて子どもたちを観察します。
② 子どもたちを学びの時間へと誘うことを目的とした授業導入ゲームを実施します。
③ 教室の雰囲気や、子どもたちの仕草、動作の活発さなどをモニターします。

 思考でリフレクション！

　あなたは、授業の導入で、教室の雰囲気をよくするための工夫をしていますか？

　教室を学び合う空間にするためには、まず教師が自己開示をし、それによって、子どもたちも自己開示しやすい雰囲気をつくった上で、学習活動を活性化するアイスブレイクのような短時間の活動（学習ゲームなど）をすることが大事です。

　もちろんこうした活動の必要のないクラスもあります。たとえば、さほど緊張をせずに発言をする子が多いクラスでは、ちょっと問いかけるだけでも雰囲気がほぐれます。しかし、緊張しやすい子どもの多いクラスでは、最初の５分がその後の学習を大きく左右します。

 身体でリフレクション！

　従来の授業導入では、前時の復習や本時の予告など、学習内容をつなげることに主眼が置かれていました。たしかに、子どもたちの意識を授業内容へと誘うという、メンタル面へのケアもおこなわれていましたが、最優先は本時展開を予告することでした。

> ① あなたは、子どもたちの授業開始後の着席行動の速さをモニターしていますか？
> ② あなたは、子どもたちの学習活動への切り換えの速さをモニターしていますか？
> ③ あなたは、授業導入で子どもたちの緊張を和らげる楽しい活動をしていますか？

　授業導入部が、知的ではあっても、重く、楽しくないものだと、その後の学習活動にも創意が生まれにくくなります。子どもたちが授業冒頭の５分間をリラックスして楽しめているかどうかが大事な着目点になります。

　冒頭の５分間が楽しいものであれば、子どもたちの着席行動や学習活動への切り替えが早くなっていきます。

　一方、着席行動が遅くなるのは、学級崩壊の兆候の一つです。子どもた

スキル ≧ 4

学習者と時間を共有する教師スキル

ちが学習への期待が持てなくっている証拠だからです。これまで以上に授業の導入部分に着目をして子どもたちを見守る必要があります。

　このように、授業冒頭の５分間（楽しさや速さ）とその後の授業での子どもたちのようすをつなげてリフレクションすると見えてくるものがあります。

 スキル4 ③ フリータイムを工夫する

　教師がどんなにやる気まんまんで授業をしても、子どもたちは休み時間のムードのまま授業に臨んで集中できなかったり、途中で意識が窓の外の出来事に向かってしまったり、ルーティーン的な作業や活動に飽きてしまったりします。

　そんなとき、授業に集中するよう無理強いしても、逆効果のことが少なくありません。子どもたちの意識が学習からそれたときには、フリータイムを設けて、積極的に雑談などをしてみてもよいでしょう。

① 子どもたちの集中力が途切れた瞬間をキャッチします。
② 1〜2分のフリータイムを宣言します。
③ 時間が来たら授業を再開します。

 **思考でリフレクション！**

　あなたは、子どもたちの学習に対する集中不足や飽きにどのように対処していますか？

　一般には授業に集中するよう注意したり、叱ったり、怒ったりすることが多いですが、そうした対応がいつでも効果的とはいえません。

　授業に「完璧（ノーミス）」を求めると、教師も子どもも苦しくなります。

　子どもたちのようすを観察しながら、「次の一手」（説明ではない授業の仕方）を考えてみるのも大事です。

身体でリフレクション！

　アクティブ・ラーニングのようなグループワークを多用する授業スタイルは、従来型の一斉授業に比べて、子どもたちの（外的）緊張や飽きは比較的少なくなります。しかし、それでも、子どもが苦手な科目だったり、心身の調子が悪かったりすると、集中力が続かないときがあります。

　そのようなとき、無理に緊張を高めるのではなく、少しゆるみのある対処の仕方をしてみるとよいでしょう。

---

① あなたは、授業中に雑談をしていますか？
② あなたは、授業中にとくに目的を持たずに教室をぶらぶらと歩いていますか？
③ あなたは、授業中にメモを取っていますか？

　子どもは、ほぼ毎日、長時間の授業を受けています。その事実を本気で考えてみると、集中に対する緩和はあって当たり前ですし、その方策を考えることが必要です。

　たとえば、雑談です。わたしは、大学での授業中、突然、妻の手料理自慢をしたくなることがあります。そんなとき、多少唐突でも躊躇せずに話をしてしまいます。

　あるいは、学生が個別学習などをしているとき、教室内をぶらぶらと散歩するように歩き、学生の文具などを観察して回ります。気になると携帯電話で写真を撮ります。

　また、授業中に、学生がわたしの知らない言葉を口にすることがありま

す。そのようなときは、授業を迷わず中断してメモを取ります。後でその言葉の意味を調べるためです。

　雑談や授業中の散歩やメモ取りをぜひ試してみてください。そうして、子どもの反応や自分の実感をたしかめていただきたいです。

スキル4

4 個別学習の時間を保証する

　アクティブ・ラーニングを導入する場合、いきなりグループワークに取り組ませても、うまくいかない場合があります。子ども一人ひとりが、グループの中でなにを言ったり、したりしたらよいかということが明確になっていない場合が少なくないからです。

　どんな学習スタイルを導入するにせよ、まずは個別学習の時間を保証することが必要です。

① 「物語の感想を書きます」など、作業内容を簡潔に指示します。
② 「まず、ズバリと一言で書きます。次に、理由も書きます」のように書き方も指示します。
③ 「3分で書きます」などと時間を指定します。
④ なかなか書き出せない子どもを個別に支援します。

思考でリフレクション！

　あなたは、子どもたちにグループワークをさせる前、個人学習の時間を確保していますか？　また、個人学習の時間にどのような指示をしていますか？

　グループワークも、従来型のグループ学習（まとめ学習）と同様、子どもたちにいきなり取り組ませても、うまくいきません。素早く反応できる子ども、正解を知っている子どもを中心にした学びになりがちだからです。

身体でリフレクション！

　グループワークでは、子どもが頭の中で考えていることを発言や発表の形で表現することで、ほかの子どもたちとの学び合いが可能になります。

　しかし、それが苦手な子どもがいます。

　教師はそうした子どもを支援する必要があります。「がんばって意見を言いなさい」と強く指導することもできます。しかし、わたしは、どんな子どもにも発言や発表をするに足る考えがかならずあると考えて、まずは個別学習でそれを書き出すように指示しています。

① あなたは、個別作業をさせたとき、一人ひとりの着手までのスピードを観察していますか？
② あなたは、特定の子どもに指導や支援の必要性を感じたとき、目立たないように近づいていますか？
③あなたは、なかなか書き出せない子どもに理由を聞いていますか？

　自分の意見や考えを書き出すように指示をしたら、作業が進まない子どもがいないか、観察します。なかなか書き出せない子どもがいる場合、何が障害になっているかを考えます。

　書き出せず困っている子どもを見つけたら、目立たないように近づいて、そっとその理由を聞きます。明瞭な理由が、子どもの口をついて出てくるわけではありません。しかし、子どもの困り感に着目すると、手がかりがつかめ、支援のヒントが見つかります。

スキル5

1 共犯関係をつくり出す

　「イエス・アンド」と呼ばれる演劇手法があります。相手が提示したアイデアを受け入れ（イエス）、そこに自分のアイデアを一つつけ加えて相手に返します（アンド）。このように、お互いのアイデアを受け入れつつ、それに自分のアイデアを追加してゆくことで、演者同士の「共犯的」な世界観がつくり出されます。

　教師が子どもたちと「イエス・アンド」でコミュニケーションをすると、共通の世界観がつくり出され、信頼関係を築くことができます。

スキルの
要点

廊下に
こんないい物が
落ちてました

だれのですか

① 教室に入るなり、「廊下にこんないい物が落ちてました。だれのですか」と言って、頭上に掲げ、子どもたちに注目させます。
② 何回かくり返すと、子どもたちも本物の落とし物でないことに気がつきますが、子どもたちは落とし物に興味津々となります。

（蔵満逸司『授業導入100のアイデア』上條晴夫編著、たんぽぽ出版、2006年）

🔄 思考でリフレクション！

　あなたは、子どもたちと「共犯関係」を築いていますか？

　共犯関係とは、教師が指示し、子どもたちはそれに従うという関係ではない、「起こったことを否定せず、それに合わせることの楽しさを認め合う関係」です。子どもたちとの共犯関係をつくり出せると、教室が、自由で楽しい学びの空間になります。

🔄 身体でリフレクション！

　教師が子どもの手本としてふるまっている限り、子どもたちは教師をただ真似るだけになります。そこに子どもの創意が入り込む余地はありません。教室はどうしても堅苦しくなります。

　一方、授業中、子どもたちが教師のアクションに乗ってくれると、教師と子どものあいだに共犯関係が生まれ、教室の雰囲気が一変します。

　それが信頼頼関の構築につながります。

> ① あなたは、変装して教室に登場したことはありますか？
> ② あなたは、授業中、アナウンサーのように学習風景を実況中継したことはありますか？
> ③ あなたは、教室で即興ダンスを披露したことはありますか？

　教師が変装をして教室に現れたり、突然実況中継をはじめたり、踊りはじめたりしたら、子どもたちはどんな反応を示すでしょうか。子どもたちが教師のアクションに「イエス・アンド」と乗ってくれたとしたら、そこから何か新しいものが生まれてきます。

　手本でない教師のアクションは、教室に変革の契機をもたらします。

　教師のアクションに対する子どものリアクションをよく観察してください。子どもたちのリアクションに、教室を明るく、楽しく、自由な空間にする手がかりがかくされています。まずは子どもたちの反応を観察することです。

スキル5

2 熱気を生む しかけを活かす

　授業とは、教師が学習内容を子どもたちに効率的に伝達するためのコントロールであると考える教師は、そのコントロールをなかなか手放すことができません。

　ただし、それでは教室の雰囲気は限りなく重くなります。重くすることで身につく学力もあります。しかし、現代では「それでは身につかない学力」の重要性が増しています。

　雰囲気の重さを軽さに、さらに活気に変える工夫が必要です。

① 考えの割れそうな子どもの発言・発表を取り上げます。
② その発言・発表の内容について「○か×か」を挙手で問います。
③ ○の子と×の子に分かれ、討論会を実施します。

🔄 思考でリフレクション！

　あなたは、子どもの発言や発表に、正誤以外の観点からもリアクションしていますか？　正誤の観点からだけリアクションしていると、子どもは防御的になります。

　一方、「おもしろいね」「考えたね」「言い方がすてき！」などとリアクションすると、子どもたちの発言や発表も自由度が増していき、教室は熱気を帯びてきます。

🔄 身体でリフレクション！

　教師の多くは論理的で言語的な能力が高いため、論理的で言語的な授業をおこないがちです。しかし、教室にいるのは、そのような能力の高い子どもたちばかりではありません。視覚的要素、身体的要素の強い子どもも多くいます。

　教師の得意な言語的で論理的な授業をしているだけでは、教室を子どもたちが安心して学べる熱気ある空間にすることは困難です。

　できるだけ身体を動かすような学習にするといいです。

　そうすることで教室に熱気が生まれます。

> ① あなたは、子どもたちに「勇気づけ」の拍手を促していますか？
> ② あなたは、子どもたちに「リアクション」の歓声を促していますか？
> ③ あなたは、子どもたちに「ガッツポーズ」を促していますか？

　拍手、歓声、ガッツポーズによって教室を視覚的、身体的情報あふれる空間に変えていく必要があります。

　拍手一つでも、子どもたちとのいろいろなやりとりが可能です。

　「もっと大きく拍手〜！」「もっと温かい拍手〜！」

　「いいね、いいね。素敵な拍手になってきた〜！」

　「こういう温かい拍手、大好きだな〜！」

　「○○くんの拍手、天才的っ！」

　もちろん、言葉だけでなく、身体も使って子どもたちとやりとりをします。こうしたやりとりが、教室に安心と熱気を生み出します。

3 チューニングする

　子どもの表現に対して、教師がよしあしを言い過ぎると、子どもは、自分の表現を抑制しがちになります。子どもの表現に「チューニング」（同調・調律）するようなコメントをすることが必要です。

　チューニングの三大原則は「共感」「関心」「承認」です。「なるほど、たしかに」と共感し、「なに、なに、どういうこと？」と内容に関心を持ち、「いいね！」と承認します。「共感」「関心」の土台があってはじめて、教師の「承認」が子どもたちに届きます。

① 子どもたちに日々のノートを書いてもらいます。
② そのノートを読み、「なるほど。たしかに」と共感ベースのコメントを書き込みます。
③ 教師の知らないことが書かれていたら、「なに、なに、どういうこと？」と関心を示し、子どもの実感に寄り添うコメントをします。

思考でリフレクション！

　あなたは、子どもの言語以外の表現にもチューニングするようにしていますか？

　たとえば、学級で流行っているテレビコマーシャルやギャグを見てみたり、いっしょに楽しんでみたり、少し意識するだけで、子どもたちとの関係性が変わります。

 身体でリフレクション！

　子どもたちが興味や関心を持っている物事に着目をして、それにチューニング（調律）することは、子どもの存在をゆるやかに肯定することにつながります。

　それによって、子どもたちの中に、「先生はぼく／わたしたちの世界を認めてくれている」といった「快」の感情が生まれます。

> ① あなたは、子どものファッションに関心を向けていますか？
> ② あなたは、子どもの「エンタメ」行動に関心を向けていますか？
> ③ あなたは、子どもの人づき合いの仕方に関心を向けていますか？

　近年、授業リフレクション研究では、子どもたちの「思考」や「行動」だけではなく、「感情」や「身体」についても意識を向けるようになっており、授業は「思考」「行動」レベルだけでやりとりされているのではなく、「感情」「身体」などのレベルでも反応が起こっていると考えられるようになっています。

　さまざまなレベルの相互作用を把握し、それらに働きかける小さなきっかけとして、子どものファッションやエンタメ行動、人づき合いの仕方（積極的・消極的・拒否的）などに着目をするということは、子どもの深層や世界観とつながる可能性を広げます。

　たとえば、「ナイキ」の靴です。正直わたしには何が格好よいのか、ちんぷんかんぷんですが、子どもたちは、それを格好いいといって履きたがります。教師は、子どもたちのそうしたファッション感覚にも十分関心を向けることで、彼らの世界を垣間見ることができます。そうすることで、教育実践も、より深いところに到達することができます。

スキル 5　アドリブを活用する教師スキル

4 一緒にゲームを楽しむ

　授業の途中に、短時間でできるミニ学習ゲームを取り入れてみましょう。ゲームとは勝ち負けのある遊びです。即興性や協同性を少しだけ意識して活用することによって、子どもたちのあいだに、クリエイティブな関係性を生み出すことができます。

　ミニ学習ゲームであれば、授業の中でパッと取り入れることができます。ミニだったつもりのゲームが、どんどんと膨らんで一時間を貫くような大きな学び合いに発展することもあります。

① 個人またはペアになります。
② 「口に二画足してできる漢字」「片仮名だけでできる漢字」「五画で書ける漢字」「左右対称の漢字」「二つに分割できる漢字」など、条件を決めて、漢字探しをさせます。
③ いくつ探せたかを発表します。

⟳ 思考でリフレクション！

　あなたは、授業の隙間時間にパッと使える学習ゲーム（ミニネタ）をいくつ持っていますか。授業づくりの常識では、授業全体がしっかりと構成されることで、学習の効率が高まると信じられています。しかし、隙間時間でおこなうちょっとした学習ゲームが、子どもたちの学ぶ力を爆発させることもあります。

⟳ 身体でリフレクション！

　「好きなことを持続させ、嫌いなことを堪え忍んでいく態度が形成される仕方に見られるような、附随的な学習のほうが、綴字（スペリング）の授業や地理や歴史の授業で学習するよりもはるかに重要なものである」というデューイの言葉があります（『経験と教育』市村尚久訳、講談社学術文庫、2004年）。

> ① あなたは、子どもと一緒に学ぶことを十分に楽しんでいますか？
> ② あなたは、子どもと一緒に学びの「フロー体験」（45ページ参照）をしていますか？
> ③ あなたは、子どもと一緒に学びの達成感を得ていますか？

　たとえば、漢字を覚えることはとても大切なことです。とくに初等教育では必須の学習課題です。しかし、漢字を楽しく学ぶこと、また楽しく協同的な漢字ゲームを体験すること、あるいは、がんばって勉強をして、漢字50問テストにみんなで合格するというような達成感のある学びをすることも、とても意味のある教育です。

　教室で何を学ぶかも大事ですが、それをどのように学ぶかはそれ以上に大切なのです。先に引用したデューイの言葉はそのようなことを語っています。

　日々、根をつめて教育活動をしていると、学びの持つ楽しさや高揚感、達成感を忘れがちになります。学期や学年の節目で、そうした学びの感情をふり返るとよいでしょう。

5 ブリッジを意識する

　子どもたちに何かを伝えようとするとき、それを効果的に伝えようと、いろいろな工夫がおこなわれます。たとえば、浮力を説明するのに、水に浮くおもちゃの船を使うというアイデアです。

　教育では、こうした工夫を「教材化」といいますが、マーケティングでは「ブリッジ」と呼びます。教育におけるブリッジ（教材化）には、「問題」「文章（教師の話）」「教具」「学習活動」の4つがあります（『教材づくりの発想』藤岡信勝著、日本書籍、1991年）。

スキルの要点

ネコは好きですか？

ネコは好きです。なぜかというとかわいいからです

① 「××は好きですか」という質問をします。
　（「××」の中には子どもたちの好きなものやことを入れます）
② 上記の質問に対して、「××は好きです。なぜかというと……」というふうに、論理的に答えさせます。
③ 「××」をさまざまに工夫して、子どもの論理力を鍛えます。

🔄 思考でリフレクション！

あなたは教科書の内容を教えるための「ブリッジ（教材化）」として、子どもたちの好きなものを意識していますか。

たとえば、前ページのような質問ゲームをするとき、小学生であれば、「アニメは好きですか」、女子中学生であれば、「アイドルは好きですか」などと聞くことができます。それだけでブリッジができます。

🔄 身体でリフレクション！

説明をするとき、「ブリッジ（教材化）」を意識するのとしないでは、その説明の子どもたちへの浸透度がまったく違ってきます。

たとえば、計算の勉強をするときに、お金の話が教科書に登場するのは、子どもたちにとってお金は身近なものだからです。こうした意識の張り方が大事です。

> ① あなたは、子どもたちの好きな遊びを知っていますか？
> ② あなたは、子どもたちの好きなキャラクターを知っていますか？
> ③ あなたは、子どもたちの好きなお菓子を知っていますか？

子どもとの心理的距離を縮めたり、円滑なコミュニケーションを図ったりするとき、子どもの興味、関心のあるものをブリッジとして使うことはとても有効です。子どもたちの「好きな遊び」「好きなキャラクター」「好きなお菓子」などを知っていて、それをブリッジに使うだけでも反応が違います。

わたしは、いろいろと忙しく動き回っているときでも、子どもや学生が興味を持ちそうなものを見つけたら、それを写真に収めるかのように記憶にとどめておいて、時間ができたときにそれを改めてチェックしています。これを「捨て目」といいます。

捨て目を使い、子どもたちの好きな遊び、キャラクター、お菓子などを、教師自身ができるだけ自分の身体を通して体験しておくと、言葉に迫力が出てきます。

スキル6

1 指示を板書する

「一時一事」という指示の原則があります。「机から教科書とノートを取り出し、机の上にきちんと並べたら、教科書を読みはじめます」というように、一度に複数のことを指示するのではなく、「机から教科書とノートを出します」「机の上にきちんと並べます」「教科書を読みはじめます」のように、子どもの行動を一つずつ確認してから次の指示を出すのです。

一方、黒板を使うと「一時多事」の指示も比較的簡単におこなえます。

スキルの
要点

1. 教科書とノートを出します
2. つくえの上にきちんとならべます
3. 教科書を読みはじめます

1.教科書とノートを出す

2.つくえの上にきちんと
　ならべる

3.◯科書を読みはじめる

① 板書を使って「一時多事の原則」で板書します。
② 黒板の板書を読み上げます。
③ 全体の進行状況を見ながら支援します。

思考でリフレクション！

　あなたは、場合に応じて「一時一事」での指示と、「一時多事」での指示を使い分けることができていますか？　口頭で指示をする場合は「一時一事」が基本です。一方、「一時多事」で指示を出したい場合には、板書して指示するというような工夫が必要です。

身体でリフレクション！

　わたしは、『授業の腕を上げる法則』（向山洋一、明治図書、1983年）を読んで「一時一事の原則」を学び、それができるようになるまでにおよそ3カ月かかりました。次いで、「一時多事の原則」を『発問上達法』（大西忠治、民衆社、1988年）から学びました。当時「一時多事」は小学校の教員には必要のないスキルだと思いましたが、アクティブ・ラーニングが主流になりつつあるいまは、不可欠のスキルです。

> ① あなたは、発問を板書しますか？
> ② あなたは、指示を板書しますか？
> ③ あなたは、助言を板書しますか？

　説明を板書することは、一般的におこなわれています。しかし、発問や指示、助言を板書するか否かは教師によって分かれます。あなたは、説明以外の発問や指示、助言を板書しますか？

　たとえば、次のグループワークの手順を指示するとき、あなたなら口頭による指示だけですませますか？

　「作業グループをつくり、課題（発問）に対する自分の意見を一人一つずつ出します。全員が出し終わったら、その中から一番よいと思う意見を選びます。その意見を出した人が、グループの代表として発表します」

　単純なグループワークですが、手順を板書すると、間違いが格段に減ります。説明以外の板書をリフレクションすると、さまざまな気づきを得ることができます。

スキル6

2 子どもの発言を黒板にリスト化する

　教師中心の授業では、教室に知恵をもたらすのは教師です。したがって、教師の説明が板書の中心になります。一方、学習者（子ども）中心の授業では、教室に知恵をもたらすのは子どもたちです。したがって、子どもたちの発言を黒板に書き出すことが、板書の中心になります。

　子どもたちが持っている知識や考えを発言・発表してもらい、それを黒板に板書します。学習者中心の授業は、黒板に書き出されたこの発言リストからはじまります。

出典：向山洋一『授業の腕をみがく』（明治図書、1983年）

① 複数の考えが出てくる発問をします。
② 子どもたちに考えを発表させ、ひたすら板書し、リスト化します。
③ リストの意見を見つつ、言えることを考えていきます。

思考でリフレクション！

あなたは、子どもの発言を板書していますか？

もし、あなたが学習者中心の授業をしたいと考えているならば、子どもの発言を黒板にリスト化するスキルが重要です。なぜなら、あなたが黒板に板書したリストが、子どもたちから智恵を引き出す授業づくりの土台になっていくからです。

身体でリフレクション！

発問（課題）には、絶対解を求める発問と、納得解を求める発問があります。絶対解とは、唯一の正しい解です。納得解とは、多様な理由つきの解です。授業づくりには、絶対解を求める発問も、納得解を求める発問もどちらも必要ですが、学習者中心の授業づくりをするためには、納得解を求める発問をより意識的に使う必要があります。

① あなたは、多様な答えが出てくる発問をしていますか？
② あなたは、子どもたちから出される多様な答えを「見える化」する（見ながら考えられるようにする）ために、子どもの発言をリストのように板書していますか？
③ あなたは、発言リストを見て考えさせていますか？

教師は子どもよりも正解の近くにいます。学習指導要領があり、教科書の赤本があり、ほかにもさまざまな「正解と解法（授業の手順）」をわかりやすく書いた参考書をたくさん読むことができるからです。つい、正解という高みから子どもたちの発言を見下ろし、扱いがちです。

しかし、自分で何事かを探し出し、それを土台にその先の考察をするという、学び本来の姿をベースに授業づくりを考えるのであれば、その授業づくりには、子どもたちから出た発言リストのようなデータを見える化する作業が出発点です。

自分の授業づくりの土台となる学びイメージが「教科書」準拠型か、それとも「本来の学び」準拠型かをふり返って考えてみましょう。教師個人のベーシックな学びイメージが授業を支えており、そのイメージによって、板書の仕方も大きく変わるからです。

スキル6

3 図で学び方を明示する

何を学ぶかとともに、どう学ぶかの重要性が増しています。

アクティブ・ラーニングなど、講義形式ではない、協同的な授業をする際、意外とやっかいなのが、グループワークの手順を指示・説明するステップです。協同的な授業づくりでは、グループごとの座席配置や、グループ内部の発言順序などのような細々とした指示が必要だからです。

黒板に図を描いて説明すると、わかりやすく説明ができます。

① 図は子どもたちにとって見やすく描けていればかまいません。
② その図を指さしながら説明します。
③ 最後にあいまいな点がないかなど、子どもから質問を受けます。

 **思考でリフレクション!**

　あなたは、グループワークの座席配置や手順などをわかりやすく説明できますか？

　いまの教室には、いろいろなタイプの子どもが存在します。教師の指導意図を素早く理解したり、行動したりすることが苦手な子どもにも、十分に配慮します。

　アクティブ・ラーニングによる学びでは、子どもたちがいろいろな人数のグループをつくって、学び合います。その学び方を黒板に図を描いて説明すると、とてもわかりやすくなります。

身体でリフレクション!

　アクティブ・ラーニングのような活動中心の学びにすべての子どもが安心して参加できるように、教師は、活動の＜内容＞をわかりやすく伝えようとします。しかし、それだけでは不十分です。活動の＜方法＞までをわかりやすく伝えることが重要です。しかし、このことについて理解している教師は案外と少ないのです。

　活動の方法を板書で示すのは少しだけ手間のかかることです。しかし、その少しの手間が子どもたちの学びに安心感をもたらします。

> ① あなたは、活動の手順を板書していますか？
> ② あなたは、活動時の座席配置を板書していますか？
> ③ あなたは、活動時間、終了時刻を板書していますか？

　あなたは活動手順を頭の中でパッと箇条書きに整理できるでしょうか？子どもたちの学び合いを促進するために、どのような座席配置がよいか考えているでしょうか？　適正な活動時間を見極めた上で、終了時刻を決めることができているでしょうか？

　子どもたちに活動の仕方をわかりやすく伝えるためには、このようなふり返りが不可欠になります。とくに、アクティブ・ラーニングのような学習者主体の学びを支援するには、これまで以上に学習方法についてのリフレクションが重要になります。

4 整理・探究の 色チョークを使う

　色チョークの活用方法には大きく2つあります。一つは、板書のある部分を強調したい場合です。多くの教師が普段からおこなっている、一般的な活用方法です。

　もう一つは、黒板に書きとめた子どもたちの発言内容を整理したい場合です。これも無意識におこなっている教師が多いですが、これからは、「整理・探究の色チョーク」として、より意識的に活用することが必要です。

スキルの
要点

① 子どもに板書をさせるスペースを区切ります。
② 区切られたスペースに子どもたちの何人かが同時に書き込みをします。（グループの代表がそのまとめを書くなどをします）
③ 子どもの書いたものを色チョークで整理します。（発表者とやりとりをしつつ整理します）

思考でリフレクション！

　あなたは、色チョークを使って、子どもたちの発言や発表を整理したり、探究を深めたりしていますか。教師の伝えたいことを強調するための色チョークの＜使用＞と、子どもたちの学びを「整理・探求」することを促す色チョークの＜活用＞の違いを意識できるとよいです。

　アクティブ・ラーニングのような活動中心の授業では、子どもたちの参加度を高めるために、子どもたち自身に板書をさせることが当たり前になるでしょう。構造的・芸術的な板書を追究してきた教師中心の板書スキルにも大きな変化が求められることになります。

　最近は、子どもが各自、小さなホワイト・ボードを使用する事例が増えているようです。これもそうした新しい板書の動きの一つです。

身体でリフレクション！

　「整理・探究の色チョーク」は、子どもたちの発言を傍線や矢印や言葉を使ってまとめ、整理・探究する板書技法です。

> ① あなたは、子どもの板書を色チョークの傍線で強調していますか？
> ② あなたは、子どもの板書を色チョークの矢印でつないでいますか？
> ③ あなたは、子どもの板書を色チョークの言葉でまとめていますか？

　たとえば、ファシリテーション・グラフィックと呼ばれる学習者の発言を書きとめる技法が注目を集めています。効果としては「議論の見える化」が言われていますが、もっと単純に言うと、子どもの発言データを大切に書きとめる板書技法であるということが言えそうです。子どもの書いた板書データに色チョークを使って「傍線」「矢印」「まとめ」などをすることは、子どもたちの板書（思考）のメタ化を進めることになります。

　自由討論の授業で有名な、築地久子氏の授業ビデオ検討会に参加したことがあります。授業直前に、築地氏が真新しいチョークを二つ折りにしていたのが印象的でした。築地氏に質問すると、子どもたちには、それくらいがちょうど書きやすい長さなのだそうです。このように子どもたちの学び行動に着目し、その学びやすさをサポートできているかどうかを考えるのは、重要なリフレクションポイントです。

5 板書による 学習参加を促す

　美しい板書は、「すぐれた素材（教材）を教師が厳選し、子どもたちに届ける」という日本の中心的な教育的価値とつながっています。

　この考え方に対して、「参加型板書」という新しい価値が注目されています。子どもたちから出された素材（学習材）を整理・探究をすることによって、学びを深めようという考え方です。このように、黒板を媒介として、子どもたちの学習参加を促そうという考え方が重要性を増しています。

スキルの要点

6つの文に通し番号をつけました。共通点や相違点を見つけてください

① わたしが卓球をやりはじめたきっかけは先輩に誘われたからです。
② わたしの特技は卓球です。
③ わたしの特技は卓球です。
④ わたしは卓球をやり始めたきっかけは誘われたから。
⑤ わたしの特技
⑥ だ。

① ノートに書いた自分の考えを板書してもらいます。
② 板書に通し番号をつけて、指をさしやすくします。
③ 考えの違いや共通点を指摘するように促します。

思考でリフレクション！

　あなたは、「参加型板書」という考え方をどのように理解していますか？

　日本には、「教師は美しい板書をすべし」という価値観があります。教師の板書術にどうしても意識が向きます。

　しかし、これからの教師にもっとも求められているのは、子どもの学びを引き出し、整理し、それを深めていくためのサポート技術です。黒板を指さし、「キチンと写しなさい」「素早く写しなさい」と言っているだけでは、子どもの学びは促進されません。黒板に子どもの考えを書いてもらい、それをみんなで検討する授業になるように工夫できればよいでしょう。

 身体でリフレクション！

「自分の考えを黒板に書きなさい」と子どもに指示すると、多くの子どもは喜びます。ノートに書いた自分の考え（言葉）を何度も見直し、一字ずつていねいに板書していきます。自分の考えを口頭で発表するだけでなく、黒板を使って発表することも重要な学びの一つです。

> ① あなたは、子どもに板書による学習参加を促していますか？
> ② あなたは、子どもの板書による学習参加のようすを観察していますか？
> ③ あなたは、子どもの板書による学習を深化させていますか？

　「ノートに書いた自分の考えを黒板に書いてください」と指示するのが、子どもの板書による学習参加を促す授業づくりの基本です。

　しかし、子どもたちのようすをよく観察すると、いろいろなことが見えてきます。たとえば、一人で前に出るのが苦手な（はずかしいと感じる）子どもがいます。その場合は「二人で出てもいいですよ」とフォローします。

　次にすべきことは、子どもたちの板書を子どもたち自身で整理・探究するように促すことです。自分たちが書いた板書に、子どもたちは我先にと意見を言いはじめます。その際、どの意見のことを言っているのかがわかりやすいように、板書に通し番号などをつけるというような工夫をします。

　教師がその板書をじっくり眺めてみる、といったパフォーマンスもよいでしょう。

　それによって美しい板書とは異なる学びの次元が生まれます。

1 「タメ語」で説明する

　原則的に、授業のはじめと終わりはていねい語を使って話します。授業中、課題を提示する際にも、ていねい語を使います。

　しかし、指導や指示のすべてをていねい語で話してしまうと、子どもたちに授業の内容や作業・活動の仕方が伝わらないということが起こります。ていねい語の後は、子どもとの心の距離をつめる「タメ語」による説明があるとよいでしょう。

① まず、ていねい語で課題提示と説明をします。
② 次に、タメ語を使って、できるだけざっくばらんに説明します。
③ 最後に、必要に応じて実例入りで説明します。

思考でリフレクション！

　あなたは、子どもたちに言語活動の方法などを説明する際、ていねい語だけではなく、タメ語（友だちに話しかけるような砕けた言葉）も使っていますか？

　タメ語には、子どもとの心の距離を近づける効果があります。そのため、タメ語で説明をすると、子どもたちは急に笑顔になります。ていねい語だけで活動を説明するよりも、子どもたちの耳に入りやすくなります。

 身体でリフレクション！

　授業の冒頭は、教室全体を見渡せる位置に立ち、両方の目に子ども全員をしっかり捉えて、ていねい語で話しはじめます。こうすることで、教室内によい意味の緊張感をつくり出すことができます。

　しかし、同じ位置に立ったまま、ずっとていねい語で説明を続けていては、子どもたちは飽きてしまい、子どもの興味を持続させることができません。どこかで説明のリズムや雰囲気などを変える必要があります。これを「チェンジ・オブ・ペース」と言います。

> ① あなたは、タメ語を使うタイミングを意識していますか。
> ② あなたは、タメ語を使うときの立ち位置を意識していますか。
> ③ あなたは、タメ語を使うときの仕草を意識していますか。

　ていねい語で手短に概略を説明したら、次はタメ語で話をはじめます。その際、当然、教師の立つ位置や、仕草、動作も変えます。子どもたちの目を自分に引きつける工夫をするのです。

　タメ語の効果・効能を解説することもできます。たとえば、以下のようにです。

　「だけど実際にやってみるのが一番かなあ。子どもの食い付き方が変わるので…。自分のパフォーマンスと子どもの食い付き方の変化を併せてリフレクションすることができるとめっちゃいいです。『学びの相互作用』がリフレクションできます」

　まずは実際に動いてリフレクションしてみてください。

スキル7

2 フォローの技を磨く

　従来、教育は、小さな成功を積み重ねる「スモールステップ」方式が中心でした。教師は、子どもが間違いなく階段を昇れるように、授業の仕方を工夫していました。

　これに対し、活動中心の授業では、「トライ＆エラー」で試行錯誤を繰り返しながら学びます。活動がうまくいくことも、いかないこともあります。失敗の発生を前提とした学びだからです。したがって、失敗したときにどのようにフォローするのかがとても大事なスキルです。

『インプロをすべての教室へ──学びを革新する即興ゲーム・ガイド』より「もう一回、読んで」(p94)（キャリー・ロブマン＆マシュー・ルンドクゥイスト著、ジャパン・オールスターズ訳、新曜社、2016年）より

① 「このセリフをいろんな言い方で読んでください」と言います。
② 希望者を募って何人かにチャレンジさせます。
③ うまくいかなくても、とにかく明るくフォローします。

🔄 思考でリフレクション！

　あなたは「スモールステップの学び」と「トライ＆エラーの学び」の違いを考えたことがありますか。

　スモールステップでは、失敗しないように学ばせます。トライ＆エラーでは、失敗からも学ばせます。失敗からも学ばせるには、失敗時のフォローがとても重要です。

🔄 身体でリフレクション！

　わたしは、「お笑い教師同盟」という教育研究グループの代表をしています。子どもたちを笑わせる教育ではなく、教室に温かい空気を生み出すことが目標です。教室に温かい空気をつくり出すことが「トライ＆エラーの学び」の土台になると考えるからです。

　そのために、教師はフォローの技を身につける必要があります。

> ① あなたは、フォローの技を観察したことがありますか。
> ② あなたは、フォローの技を意識して使ったことはありますか。
> ③ あなたは、フォローの技を磨くようにしていますか。

　まず、フリ・オチ・フォローというお笑い方程式を理解します。

　フリは、笑いの生まれやすい状況を設定すること、オチはその設定によって笑いをともなうような失敗を起こすこと、フォローはその失敗発生にともなって生じるマイナスの感情を調整することです。前ページの例で言えば、「怪物のように話す」「とにかく早口で」のように即興的に表現することを要求することがフリです。次にそのフリによって生まれる失敗がオチです。フォローは、失敗（オチ）した子どもに対して、教師や子どもたちが「あるある」「うまくいかないこともあるさ」と励ますことです。教師が「（フリ・オチを前提にした）フォローの技」を身につけることによって、「トライ＆エラーの学び」をつくりやすくなるのです。

　授業で生じた子どもたちのマイナス感情を調整する活動のすべてがフォローです。そうした場面で使われる技を観察し、意識的に使ってみて、それを日々磨いていく。つまり、フォローの技をリフレクションしてその精度を上げることが、「トライ＆エラーの学び」の時代に必要なのです。

3 意外な部分をほめる

　子どもが書いた作文を読み上げるとき、もっとも一般的なほめ方は、作文の内容をほめることです。「お手伝い、よくがんばったね」などです。

　たしかに、内容をほめることも大事です。しかし、たとえば、「最後の『おもしろかったです』の部分から、サトシくんがお手伝いを楽しんでいるようすが伝わります」のように、子どもの文章に着目してほめると、子どもは作文の題材だけでなく、それをどのように書き表せばよいかということにも注意が向くようになります。

① 子どものスピーチの短さや、声の小ささ、終わり方の唐突さなど、スピーチの「弱点」に着目します。
②「弱点」が、まるで効果的な表現方法であるかのように力説します。
③「弱点」が、じつはその子の「強み」につながっているということを力説します。

思考でリフレクション！

　あなたは、子どもの言動のどこをほめていますか。ほめるべきポイントは大きく二つあります。一つは教科書に書かれているようなオーソドックスな評価ポイントをほめる方法。もう一つは、「えっ？　そんなところをほめてもらえるの？」と子どもが思うような意外な部分を発見してほめる方法です。より効果的なのは後者です。

 身体でリフレクション！

　とくに若い教師は、子どもは「教える対象」であると考えがちです。そして、教える対象として、優秀なパフォーマンスをしているか否かに意識が向きがちです。

　しかし、そうした見方だけでは、どうしても評価の射程が狭くなります。もう少し別の角度から子どもを評価することが、指導の幅を広げます。

> ① あなたは、子どもの「教えにくさ」に着目していますか？
> ② あなたは、子どもの「学びにくさ」に着目していますか？
> ③ あなたは、子どもの「生きにくさ」に着目していますか？

　たとえば、教師が教科書の内容を子どもたちに説明しているときに、おしゃべりをしたり、立ち歩いたりする子どもがいれば、教師には、そうした子どもたちが、どうしても「教えにくさ」の象徴に見えてしまいます。

　しかし、子どもの立場になってみると、「教師が何やら説明しはじめたけれど、直前の休み時間に××くんが話してくれたことが気になって、つい××くんの方を見てしまった」のかもしれないと考えることができます。すると、「教科書の説明よりも、××くんのことが気になる友だち思いの子ども」という評価ができることに気づくでしょう。

　授業中は授業に集中するというのは当たり前のルールです。しかし、子どもがそうしたルールから外れた行為をしたときでも、その中に子どものよさ（＝友だち思い）を見つけることができれば、そのよさをほめることができます。そうすることで、子どもの「生きやすさ」を育むことができます。

4 沈黙をむやみに 怖がらない

　教師が発問や課題提示をしても、子どもがそれに反応を示さないことがあります。教師の発問や課題提示に子どもたちがピクリとも動かないとしたら……。ホラー映画のようにぞっとします。

　実際には、長い沈黙があったとしても、その中で子どもが考えていることがわかれば怖がる必要はありません。しかし、子どもの沈黙が、若い教師に小さなパニックを引き起こすことがよくあります。沈黙を受け止める考え方とスキルを身につけることが必要です。

スキルの要点

① 発問の答えを「ノートに書きます」と指示します。
② 個々の子どもがノートに書き出すまでの着手の早さを観察します。
③ 書き出しがとくに遅い子に対して個別指導をします。

思考でリフレクション！

　発問したり、課題を提示したりしても子どもたちの反応が少ないとき、あなたはどのように考えますか。

　一般的には、発問や課題提示の難易度が子どもたちの状態に適したものだったかどうかを考えます。発問や課題提示の難易度は事前に調整しておくことが必要ですし、実際、教材研究ではそこに焦点が当てられ、詳細に検討されます。

　しかし、子どもが沈黙するのは、教師の発問や指示がむずかしすぎるからだけとはかぎりません。もしかしたら、単純に発問（の中にあるひと言）を聞き漏らしてしまっただけかもしれませんし、子どもが深くその問い（課題）を考えつめるあまり、教師が期待する「答え」にたどり着くのに時間がかかっているだけかもしれません。そこを考えることが必要です。

身体でリフレクション！

　自分の働きかけに対する子どもの反応のなさ（少なさ）と、その象徴としての沈黙について、教師は分析の幅を広げていく必要があります。教材研究を重ねたり、発問の仕方を工夫したりして、子どもの反応をよくすることは大事なことです。しかし、子どもの沈黙については、もう少し別な角度（子どもの事情）から探究することもできます。

> ① あなたは、子どもの沈黙を観察していますか。
> ② あなたは、子どもの沈黙の意味を尋ねていますか。
> ③ あなたは、子どもの沈黙を感じていますか。

　まず、子どもの沈黙は、かならずしも教師の指導が失敗した結果ばかりではないということから探究をはじめます。子どもたちから反応がない原因を、教師の働きかけの不十分さに求めるというように、直線的な因果論で捉えて指導法を変えるのではなく、循環論的に捉えて、子どもの沈黙の意味を探っていくのです。つまり、沈黙は「教師と子どもたちとの相互作用の中で生まれたある表現（状態）」だと捉えるということです。

　たとえば、子どもの沈黙のようすを観察してみると、子どものさまざまな目の動き（記憶を想起しているような目や試行錯誤をしている目）を発

見することができます。

　もちろん、沈黙の意味は子どもたちと一緒に探究をすることができます。もっとも簡単な方法は、子どもに「どうしたの？」と直接聞いてみることです。

　さらに自分なりに沈黙を感じてみてもよいでしょう。子どものやっている目の動きを自分もやってみるのです。観察した動きを真似することで、子どもの内面が理解できることがあります。このように、子どもの沈黙を具体的に探究することではじめて、学びにおける沈黙の意味を実感することができます。

スキル7
5 ウソをつく

　クニイ先生は自己紹介をする際、子どもたちに「クニイ」と10回くり返させた後に「わたしの好きな食べ物は何でしょう」と質問をするそうです。「クニイ、クニイ ···」とくり返しているうちに、子どもたちは「肉」という答えを連想します。

　クニイ先生は、本当はそれほど肉好きではありません。自分の名前をくり返させ、あるイメージと結びつけることで、子どもたちに自分を強く印象づける、「ウソ」を使った自己紹介の技です。

① 理由を複数挙げるときは、一般から特殊へ並べると話に引き込みやすいです。

② ウソ話を使って説明します（上記の例は架空の話です）。

③ 話がウソであることが逆に印象を強くします。

思考でリフレクション！

　あなたは、自分の話を印象づけるためにウソをつくことがありますか？

　教師という職業は、正しいことを教えることが仕事です。しかし、正しいことを伝えるために、あえて、想像やフィクション、ウソをうまく織り交ぜたほうがより説得的になる場合が少なくありません。

身体でリフレクション！

　『想像力を触発する教育　認知的道具を活かした授業づくり』（キエラン・イーガン著、北大路書房、2010 年）という名著があります。

　この本では、子どもたちの想像力と感情を日々の授業の中から引き出す新しい方法が体系的に示され、従来のカリキュラムにはなかったようなウソが教材化されています。

> ① あなたは、ウソを使った授業導入の「独自ネタ」を持っていますか？
> ② あなたは、ウソを使った授業展開の「独自ネタ」を持っていますか？
> ③ あなたは、ウソを使った授業終末の「独自ネタ」を持っていますか？

　「独自ネタ」とは、その人の個性や特徴を際立たせるセリフや動作をともなった、その人固有の授業ネタのことです。

　たとえば、自己紹介や教材提示などをするときに、独自ネタがあると、子どもたちを教師自身に引きつけやすくなります。

　絵を描くのが上手な教師の、絵柄変化の研究があります。

　大学卒業直後の板書の絵はたしかに上手に描けていました。しかし、描くのに少し時間がかかりました。子どもたちからも「オ〜ッ」という歓声は上がりますが、子どもたちを授業に引きつける効果は少なかったようです。

　ところが、教師の熟練度が増すにつれ、黒板に描く絵は下手になっていきます。子どもたちからは「オ〜ッ」という歓声の代わりに「なにそれ！」と楽しいツッコミが入り、授業への集中度が増していったのです。これも一種のウソを使ったネタの一つです。

スキル8

1 グループを支援する

　近年、アクティブ・ラーニングの普及とともに、子どもたちが調べ活動やまとめの学習などをする際、教師が個人に対してではなく、グループに対しても支援をすることが少しずつ当たり前になってきました。

　ところが、グループ指導が苦手な教師はまだまだ少なくありません。グループにコンタクトをする技術、そして、グループに対してアドバイスする技術といった、従来型の個人指導とは違うスキルが要求されるからです。

① グループ活動の進行状況をよく観察し、遅れの目立つグループに着目をします。
② グループのだれに話しかけるか（通常はグループリーダー）を決めます。
③ ②で決めた子どもに話しかけ、できるだけ短時間で進行状況を把握し、それに応じて助言します。

　あなたはうまく動いていないグループ活動に介入して助言することで、その活動全体の流れを止めてしまったことはありませんか？　またグループごとの個性の違いによって同じ指導でもうまくいったり、いかなかったりした経験はないでしょうか？

　グループには独自の個性やリズムがあります。そのため、グループを指導することは、個別学習をしている個人を指導するよりも、数段むずかしくなります。

　活動の問題点が見えると、すぐに介入して指導したくなります。しかしグループ指導では、あえて「待つ」ことも重要なスキルです。

身体でリフレクション！

　一つの学年をどれほど慎重にクラス分けしたとしても、少しずつ個性の異なる学級になっていくように、グループ学習でも、各グループにはそれぞれ個性が生まれます。

　同じゴールを目指して活動していても、グループごとに個性が生まれるのは、リーダーの個性、メンバーの個性、グループの約束などに違いがあるだけでなく、その組み合わせにも違いがあるからです。グループの「歴史」が個性をつくるのです。

> ① あなたは、できるだけグループにまかせようとしていますか？
> ② あなたは、グループの個性の違いを意識して指導していますか？
> ③ あなたは、グループ間の進行のズレを観察していますか？

　グループ活動をさせる場合、活動は子どもたちにまかせることが基本です。グループの個性は、たとえば、独自のリズムや流れといったところに表れます。そのため、介入して助言すると、それが原因となって、グループ全体の学習の流れを乱してしまいがちです。教師は、「困ったらいつでも相談してね」と声をかけ、まずは見守ることに専念し、子どもたちの方から声がかかるのを待って助言します。

　グループの個性には、いくつかのパターンがあります。①リーダーも含めてお互いにようす見をしているために動きがゆっくりなグループ、②メ

ンバーの仲がよく、笑顔でコミュニケーションできているグループ、③やんちゃなメンバーが何人か集まったために、騒がしくなってしまいがちなグループ、④真面目なメンバーがいて一生懸命にがんばろうとするあまり、逆に作業や活動がギクシャクしてしまうグループなどです。

どのグループにもよさと弱点があります。「騒がしかったり、遅かったりすることが、作業や活動内容のレベルを決めるわけではない」という認識を持てるかどうかが、グループ支援の分かれ道です。どんなグループも、まずは見守り、「困ったらいつでも助ける」と言っておくこと、この二つが二大原則です。

さらに、グループが活動をはじめると、ほかのグループへの関心が薄れ、活動の進行具合に差が出はじめます。そこでグループ間の進行スピードの違いを子どもたちに気づかせることが必要です。「速い」「遅い」などと個別に助言するよりも、中間発表をさせると一目瞭然で効果的です。また、お互いのグループ活動への関心も高められます。

スキル8

2 子どもの飽きを見抜く

　授業中、子どもたちが手遊びをはじめることがあります。鉛筆をくるくると回したり、教科書やノートに落書きをしたり。そうした行動は、一般的には学習からの逸脱であり、指導の対象になります。

　しかし、そうした子どもの行動を、学習への「飽きのサイン」と捉えると、授業を修正するための重要なポイントになります。子どもたちの飽きのサインを見つけたら、授業前後のようすをより注意深く観察するようにするとよいでしょう。

① 子どもの手遊び・動作遊びに着目をします。

② 子どもを注意するかわりに、学習活動や作業内容を変更します。

③ その後、子どもが再び集中できたか、観察します。

🔄 思考でリフレクション!

あなたは、子どもたちに授業への飽きのサインが見えはじめたとき、注意する以外の指導方法を工夫していますか?

もちろん、子どもたちには、我慢して学習することの重要性も教えなければなりません。しかし、子どもが学習に飽きたとき、注意する以外にも、学習の仕方に変化を与えるなど、子どもたちの気分を変える方法はたくさんあります。そうした指導もできると、子どもたちの基礎的な学力が育ちはじめます。気分を変える指導については、拙著『30分でわかる! 教師のための叱る技術』(学陽書房、2015年)を参照してください。

🔄 身体でリフレクション!

教室でおこなう教師行動には、大きく分けて二つあります。一つは、子どもたちに何らかの働きかけ(指示・激励・注意など)をおこなうこと。そしてもう一つは、その働きかけを成功させるために、子どものようすをよく観察することです。

子どもたちは、教師の働きかけに、ただ言葉で反応を示すだけではなく、身体の向きを微妙に変えたり、友だちとの距離を変化させたりと、身体的にも反応を示します。それをよく観察し、その反応の意味を理解することで、働きかけの質を上げることができます。

① あなたは、子どもの不規則行動にも着目していますか?
② あなたは、子どもの不規則行動を継続的に観察していますか?
③ あなたは、子どもの不規則行動を減らすことができますか?

教師の働きかけに対して、「ズレている」ように見える行動のすべてを不規則行動と考えれば、子どもはじつにさまざまな不規則行動をおこないます。しかし、その不規則行動の中にこそ、授業を修正・改善していくための貴重な情報が含まれています。教師の働きかけと子どもの不規則行動のあいだには、相互作用の力が働いているからです。

不規則行動の代表格の一つが、手遊び・動作遊びです。ほかにも、さまざまな不規則行動があります。たとえば、学級崩壊の典型的行動である私語や立ち歩きなども、代表的な不規則行動です。

たとえば、私語に気づいたら、すぐにその観察をはじめてみましょう。大事なことは、「私語をする＝即、注意」のような反射的な対応を取らず、私語の発生・継続・終結のようすをできるかぎり観察することです。もちろん、極端な私語は即座に制止します。

　「私語はどのようなタイミングではじまるか？」「私語はどのように広がるか？」「私語は放っておいても収まるか？」などを継続的に観察します。こうした観察を積み重ねるうちに、不規則行動の筋道、機微が徐々に理解できるようになり、それに介入するポイントが見えてきます。そうして、学習の仕方の調整、つまり、子どもの不規則行動の＜機先を制するような指導＞も徐々にできるようになっていきます。

スキル8

3 協同性に着目する

　協同的な学びが注目を集めています。ところが、慣れないと、活動内容のほとんどを教師が管理する、整然とした活動になりがちです。

　少々手際は悪くても、互いに声をかけ合って補い合いながら発表させたほうが、協同性は高く、より質の高い学びにつながります。子どもたちの「協同的な学び」をできるだけ見守りつつ、グループ活動を支援します。

① 提示した課題を2人1組で取り組ませます。

② 2人で出し合ったアイデアを1枚の紙に書かせます。

③ 2人の協同的な学びのようすを観察します。

＊「協同的な学び」を観察するには、まずペア学習から観察します。活動内容もできるだけ単純にして観察します。易から難へ、単純から複雑へ。少しずつ観察のレベルを上げていきます。

　あなたは、子どもたちの「協同性」を観察する際、どこに着目していますか？

　たとえば、2人1組をつくり、出し合ったアイデアを1枚の紙に書かせると、文字通りやりとりしながら1枚に書くペアもいれば、それぞれが別々に書いて1枚にまとめようとするペアも出てきます。こうしたペアごとの協同性の違いをまずは見比べましょう。

　そのような違いの観察から新しい指導のアイデアなども生まれてきます。

　協同学習の世界的な権威であるスペンサー・ケーガン氏は協同学習の成立する条件を、①互恵的な協力関係、②個人の責任の明確さ、③参加の平等性、④活動の同時性の4つにまとめています。

　こうした目安をもとに、子どもたちの「協同性」を観察することも可能です。

> ① あなたは、子どもたちが協力し合って活動しているかを観察していますか？
> ② あなたは、子どもたちの活動量が同じぐらいになっているかを観察していますか？
> ③ あなたは、子どもたちが同時に活動できているかを観察していますか？

　協同的な学びは世界的なトレンドです。日本でも、「学びの共同体」（佐藤学）や「学び合い」（西川純）が大きな動きとなっています。子どもたちに対して、協同的な学びをよきこととして推奨することも少しずつ増えています。

　背景には、「仲間」という、若者文化のキーワードがあります。たとえば、累計発行部数が3億部を超える漫画『ONE PIECE』です。この作品を貫く思想は「仲間のために」です。『ONE PIECE』では、自己利益よりも仲間への献身が優先されています。『ONE PIECE』を大好きな若い先生が、子どもたちに「仲間を！」と叫ぶ姿は想像に難くありません。

　もちろん、学びの協同性を教室で実現するには、「仲間を！」とただ叫

ぶだけでは足りません。「協同性」の観察を地道に続け、評価することが重要です。「協力し合って活動できているか」「活動量は同じくらいか」「同時に活動できているか」。そうした観察を一つずつ積み上げていくことが、理想としての「仲間を！」を現実的なものに変えていきます。

4 「頭のくっつき具合」を見る

　グループワークをすると、ほかのメンバーにまかせて遊んでしまう子どもが出てきます。教師としては悩ましい問題です。また、複数のグループがバラバラに動くことに不安を感じる教師もいます。それぞれのグループがそれぞれのペースで活動するため、管理や指導の見通しを立てづらいと感じるからです。活動への集中度などをモニターできる指標を個々の教師が持つことが必要です。その指標の一つが「頭のくっつき具合」です。

スキルの
要点

① ３分間、５分間のように、時間を限定したグループワークを指示します。
② 各グループの「頭のくっつき具合」を観察します。
③ 頭の離れているグループのところにようすを見にいきます。教師が近くにくると、それだけで、グループの集中度が増すこともあります。

思考でリフレクション！

あなたは、子どもたちにグループワークをさせているあいだ、何を見ていますか。

これまで、一斉授業型の授業づくりをしてきた教師の多くは、グループワークの経験が浅く、活動がはじまった途端、子どもたちから目を離してしまう傾向があります。グループ中の子ども一人ひとりまでは観察できないと諦めてしまうのです。

一斉授業では、「一望監視システム」（フーコー）が働くため、とくに意識をしなくても、教師は教壇から子どもたちを一人ひとり監督することができますが、グループワークでは、グループ内で個々の子どもが何をしているかが見えにくくなります。グループワークをする際には、「頭のくっつき具合」のような、自分なりの指標を持つ必要があります。

身体でリフレクション！

グループワークによる学びを見守るためには、活動を指示した後の教師の立ち位置や巡視の仕方、グループへの話しかけ方などに工夫が必要です。

① あなたは、グループワークを指示した後、どこに立ちますか？
② あなたは、グループワークを指示した後、どのようにグループを見て回りますか？
③ あなたは、グループワークを指示した後、どのように子どもに話しかけますか？

わたしは大学で、学生のグループワーク型の模擬授業を指導しています。学生は、模擬授業でグループワークの指示を出すと、さっと机間指導に移りますが、その動きに、グループワークに対する学生それぞれの見方・考え方の違いが如実に表れます。

グループの指導もそこそこに、次の発表場面に意識が飛んでしまう学生がいる一方で、特定のグループに入り込み、じっくりと指導をおこなう学生もいます。机間指導の仕方はまさに十人十色です。個々の学生がどのような机間指導をするかは、その学生の「授業観や子ども観」などと密接に結びついているのです。

すなわち、上記の「どこに立つか?」「どのようにグループを見て回るか?」「どのように子どもに話しかけるか?」に<唯一の正解>があるわけではなく、一人の教師として、自分なりの「授業観・子ども観」と向き合いながら、指導せざるを得ないのです。観察や指導を継続することで、それを鍛え上げていくしかありません。

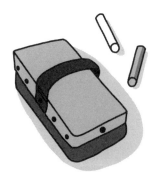

スキル8

5 子どもの好きなことを知る

　受験社会への適応を考えるならば、授業で教える内容を要領よく覚えられるようにサポートすることが授業づくりの目標となります。一方、社会に出たときに役立つことを授業づくりの核に据えるならば、子どもの「好きなこと」に着目し、それを育てていくことが必要です。デューイ流に言い替えれば「経験の組織化」による学びです。

　その一つが「アクティブ・ラーニング」です。学力形成の出発点として、子どもの「好き」を知ることが必要です。

スキルの要点

① 朝の決まった時間に読書をさせます。
② 読書時間は決めますが、なにを読むかは完全に自由とします。
③ 教師は子どもが＜どのような＞本を＜どのように＞楽しんでいるかをチェックします。
④ 感想を聞くなど、子どもにとって面倒なことはしません。

思考でリフレクション！

　あなたは、子ども一人ひとりの「好きなこと」が頭に入っていますか？

　子どもの「好きなこと」に着目することが、子どもの学びを「フロー状態」（学びに熱中している状態）に導く一番のポイントです。子どもの好きなことや好きな学び方に着目すると、それまでとは異なる、質の高い学びに導く入り口に立つことができます。

身体でリフレクション！

　勉強があまり得意ではない子どもの「好きなこと」は、学校ではあまり評価されないことだったり、学び方だったりすることがよくあります。たとえば、空想することが大好きな子どもがいても、学校では、空想を使った学び方をしたり、その「空想（妄想）力」が評価されたりすることはめったにありません。

　しかし、ある子どもが空想好きだとわかれば、その子どもに対して、それまでとは異なる学習支援のアプローチを工夫することができます。子ども全員の「好きなこと」を知って、それに応じてアプローチを変えるのは大変そうですが、頭の片隅にそれぞれの「好きなこと」が入っているだけで、教師の働きかけの密度は格段に高くなります。

> ① あなたは、子どもの教科の好き嫌いを調査していますか？
> ② あなたは、子どもの授業時間以外の過ごし方を観察していますか？
> ③ あなたは、子どもの休日の過ごし方を聞くことがありますか？

　たとえば、子ども一人ひとりの「好き」について「興味・関心地図」（だれが何を好きかについて、アンケートなどをもとにした地図。興味・関心の近い子どもをそばに描くので「地図」のようになる）をまとめます。アンケートをもとに地図を作成してもよいのですが、直接インタビューすることをお勧めします。地図の精度がぐんと上がります。

　指導・支援のベースに、アンケートやインタビュー、休み時間の何気ない観察、休日についての他愛ないおしゃべりなどから得た、それぞれの子どもの「好き」情報があるのとないのとでは、指導が変わります。

　わたしは、観察は得意でしたが、子どもに話を聞くのは苦手でした。子

どもの声はおもに作文（日記）を通して収集していました。しかし、同僚の教師は、子どもの話を聞くのが大の得意でした。子どもたちの休日の過ごし方を、本当にさりげない雑談の中で聞き出して、それを指導の背景として活用していました。違いは歴然としていました。

　個々の教師が、自分の得意な調査法で子どもの「好き」を知ることが必要です。

6 即興の場で子どもを見る

　音読・朗読やスピーチ、ドラマなどの表現授業には、大別すると二つの方法論があります。「（訓練の場で）教師から教わったことを覚え、それを正しく発表する」方法と、「（即興の場で）仲間との掛け合いを通し、自分（たち）らしさをつくっていく」方法です。

　これからの学校教育では、後者の即興型の学習を通じ、「らしさ・違い」を軸に評価することの重要性が増していくでしょう。

出典：家本芳郎『ふたり読み』（高文研、2005）

① 短い詩を1文ずつ、二人で交互に分担して読みます。
② 「遅く／速く」「男っぽく／女らしく」「真面目に／冗談っぽく」など、二人で協力しながら対比的な読み方を工夫します。
③ 相談してやるのではなく即興でやります。

思考でリフレクション！

　あなたは、子どもたちが「答えの決まっていないものに挑戦する」ような即興の場を意識的に設定し、子どもの言動を観察していますか？

　たとえば、ある文章を一文ずつリレー式に読んでいく「丸読み」と呼ばれる音読方法がありますが、最初に何度か練習させてから発表させるか、それとも練習をさせずに即興的にいきなりおこなわせるかで、子ども（たち）の姿はまるで違ってきます。

　もちろん、即興的におこなったときのほうが、新しい「その子らしさ」が発揮される可能性が高くなります。新しい成長の可能性を秘めた子どもの姿を見つけられます。

身体でリフレクション！

　何も準備をせずに即興で何かをおこなうことを怖がる子どもたちがいます。

　たしかに、即興の場では失敗する可能性が高くなります。しかし、それをフォローしてくれる教師や、笑い飛ばしてくれる「仲間たち」がいたらどうでしょうか。失敗に対する恐怖心に変化が出てくるはずです。

① あなたは、子どものくだらない表現をおもしろがることができていますか？

② あなたは、子どもの表現の失敗を前向きに捉え、エールを送ることができていますか？

③ あなたは、子どもの表現の微妙な違いに気づき、歓声を上げることができていますか？

　たとえば、二人読みでは、一人がしかけて、一人がそれに応えます。

　次は、その立場が逆転します。最初は互いに遠慮し合って、自分たちらしい表現は生まれません。しかし、一見くだらないと思える表現を、教師や相手がおもしろがると、少しずつ新しい表現に挑戦しようとする子どもが出てきます。

　少しくだらな過ぎるかもしれないと思うような表現を試してみたり、無茶ぶりして相手をとことん追い込んでみたり、流石にこれは微妙過ぎて伝

わらないだろうという表現にチャレンジしてみたり。そうした即興的な表現の中から新しい自己発見も生まれてきます。

　教師が訓練的な場における子どもの姿だけでなく、即興的な場における子どもの姿にも興味関心を示しはじめると、子どもたちはどんどんそこにチャレンジしてくるようになります。

第3章

教師スキルの根底にある考えを整理する

自分の「教育観」に根ざした教師スキルを見つけ出す
——わたしの教育観

 魔法の教師スキルは存在しない

　「この教師スキルを身につければバッチリ！」「すべては魔法のようにうまくいく！」

　最近の教育技術書（の帯文）にはそんなふうに書かれています。しかし、少し考えればわかりますが、本当に、魔法のようにうまくいく教育スキルは存在しないと言ってよいでしょう。

　たとえば、著者と同程度のキャリアを持ち、かつ、性別や背格好といった外的条件の似た読者ならば、そうした本に書かれたスキルが一定程度有効である可能性もあります。しかし、性格や趣味など、内的条件は教師によってそれぞれ違っています。その最たるものが「教育観」です。教育観が違えば、その教師にとって効果的な教師スキルも違ってきます。

　本書では、わたしの教育観にしたがって、わたしに必要だった教師スキルを並べました。「これさえ身につければバッチリ！」と言い放つ代わりに、わたしの教育観とその根拠となる実践的経験のふり返り方（リフレクションの仕方）を提案するという、少し厄介な書き方をしました。しかし、そのようにふり返りつつ、スキルを磨くということが「自分らしい教師スキル」を身につけるために必要な方法であると、教師研究が明らかにしています。自分が挑戦した教師スキルについて、自らの「教育観」を含め、リフレクションをくり返すことが、自分らしい教師スキルを身につけることにつながります。

 マルティン・ブーバーの2つの基本的教育方針

　現在、わたしの教育観のベースとなっているのは、「対話の哲学者」と言われるマルティン・ブーバーが提唱する、2つの教育の基本方針です。

　一つ目の方針が「創造性開発」です。創造性を直接引き出す教育ではなく、「創造性の開発」を意識した教育です。

人は、他者が創造した事物を享受するとき、単に傍観者的に楽しむだけではなく、自分自身も創作に関わりたいと欲しているのだとブーバーは言います。「子どもは学ぶことが好きだ」とよく言われますが、その学びはブーバー流に言うと「創作過程の主体」になりたいということです。つまり、事物を創り出す学びが大好きなのが子どもだというわけです。

　しかし、ブーバーは言います。

　創始者（創造性）本能はもしそのまま放置されるならば、真実の人間生活の建設にとって不可欠の二つの形態（事柄に関与すること、相互性のうちに立つこと）に導いていかないし、導いていくことはできません

　（『ブーバー著作集〈8〉　教育論・政治論』みすず出版、p10、1970 年、括弧内引用者）

　つまり、何かをつくることだけを学んでも、それが仲間や友人や愛する人と結びついておこなわれていなければ、その創作は世界をつくっていくことにはならないということです。

　さらに、自分がつくったものが単にほめられるだけでは足りず、仲間の中に位置づくような創作をしなければ、人はやはり孤独を感じると言います。

　これがブーバーが提唱するもう一つの基本方針、「結びつきの本能の開発」につながります。ブーバーは、結びつきを「対話的関係」と捉えます。実感を持って語り合えること、語らずとも見つめ合ったり、一緒にいることでわかりあえたりすることが結びつきです。こうした結びつきの関係の中で、創作がおこなわれることで、子どもたちは世界とつながり、自分自身が創作に関わりたいという本来の欲求を満足させることになります。

【参考文献】
『ブーバーに学ぶ』（斉藤啓一著、日本教文社、2003 年）
『ブーバー著作集〈8〉　教育論・政治論』（マルティン・ブーバー著、みすず書房、1970 年）

 ## 即興性を利用するスキルの
必要性が増している
──「らしさ・違い」を引き出す教師スキル

 群読指導の「やらされている感」

　10年近く前のことですが、わたしは、ある著名実践家の方と地方の研究会で
ご一緒しました。その方が、研究会の参加者を学習者役に、群読指導を披露して
くださいました。鍛え抜かれた指導技術が炸裂します。会場は笑いと活気にあふ
れました。

　しかし、わたしは参加しながら、小さな違和感を持ちました。群読のテキスト
解釈が自分とは少し違うなと思ったからです。たしかに群読表現はどんどん上手
になっていきましたが、同時に、その方の理想の解釈にしたがって＜表現させら
れている＞とも感じました。学習者の思いをもっと引き出す表現はできないかと、
もやもやが募りました。

 「うまさ・高さ」ではなく「らしさ・違い」を引き出す

　研究会で感じた違和感を自分なりに解決しようと、大学の講義で群読表現にこ
だわって群読の実践を重ねました。

　教員志望の学生たちに、わたしが指定したり、学生たちが自ら持ち寄ったりし
たテキストを、グループごとに、できるだけ自由に群読表現するよう指示しまし
た。

　その活動を観察すると、学生たちはテキストをみんなで話し合って、「正しい」
解釈にまとめ、その正しい解釈にしたがって表現しようとしていました。わたし
には、そのようすがとても窮屈に思えました。

　そんな折、平田オリザさんの著書の一節にヒントを見つけました。曰く、伝統
的な表現教育では最初に正しい解釈を決め、その正しい解釈をみんなで「自由」
に表現をしようする。でも、最初に解釈を決めるので表現が狭くなってしまう。
学習者の創意（創造性）を引き出すには、即興性がヒントになる──。

　わたしは、テキストを手にしたら、まず声に出して読んでみて、自分なりに試
してみる。そうしながら、よいと思う表現を探るよう指示することにしました。

すると、学生たちが徐々に生き生きとしはじめました。

　まず正しい解釈を決め、それを表現するという方法は、現在の教育現場の主流の方法です。そこでは、教師は自らの教材解釈力を磨き、指導技術を高め、子どもの表現の「うまさ・高さ」を引き出すことが目指されます。

　これに対して、わたしの方法は、まずやってみることからはじめ、グループの創意（個性の発揮）を促すためには、即興性の生まれやすい学び環境をつくり出し、その中で「らしさ・違い」を引き出すというファシリテーション系のスキルが教師に求められることになります。

　従来の教師スキルは、教師の「正しい」解釈にしたがって子どもを訓練し、子どもの「うまさ・高さ」をつくり出します。わたしの考える教師スキルは、「いま・ここ」に集まった子どもたちから、創意や個性を引き出す環境づくりがポイントになります。同じ群読の指導スキルですが、こだわるものの違いが、方向性の異なる教師スキルをつくり出すのです。

即興性を利用した教師スキルが新しい社会に対応した子どもを育てる

　即興性に基づく教師スキルを試みてわかったことが2つあります。

　まず、最初に解釈を決めて、その解釈を表現するという伝統的な指導法を変えることに対して、学生たちの中にも抵抗があるということです。わたしの提案に対し、学生たちは最初、即興のようなやり方で、すぐれた表現が生まれるのかと疑いました。しかし、実際に試してみて結果が出ると、それを支持してくれました。

　次に、即興でおこなうことに対して、当然ですが、うまくいかなかったり、失敗したりすることを恐れ、強い抵抗を示す学生がたくさんいました。しかし、そうした「失敗」も含め、表現のアイデアをみんなで楽しめる学びの環境づくりを続けると、学生たちは即興型の学習に夢中になり、徐々に抵抗はなくなっていきました。

　即興性を利用して、学習者の創造性を育む教師スキルはまだまだマイナーです。しかし、これからは、創意工夫が重視される社会になるといわれています。抵抗はまだ少しありますが、即興性を利用した教師スキルは、新しい社会に対応した子どもたちを育てていくための、重要な教師スキルになるといえます。

> 【参考】
> 即興型学習研究会
> https://ja-jp.facebook.com/improvisational.learning/

 協同性を促すスキルが
未来を拓く
——我-汝の関係をつくる教師スキル

 書くリフレクションの限界

　わたしは、大学教員として 10 年間、学生を指導してきました。講義はワークショップスタイルです。まず、学生たちに模擬授業を体験してもらい、その後、その体験を B６判の情報カードに５分ほどで書いてリフレクションしてもらうことをワークショップの基本としてきました。

　学生は、自分にとって価値があると実感した部分（エピソード）を特定し、その意味を考えることによって深掘りします。それにわたしがコメント文を書くことで、さらに少し掘り下げが進みます。よく書けた学生のリフレクションをプリントに列挙して紹介したりもしました。

　しかし、この方法だとリフレクションの深さも広さもほどほどでした。なかなかそれ以上に広がっていきませんでした。書くリフレクションの限界を感じました。

 話すリフレクションの可能性

　そこで、２年ほど前から、少人数のゼミナールにおいて、学生がおこなった 20 分間の模擬授業を、小一時間かけて全員でふり返るという、協働的で実験的な試みをはじめました。いわば、「書くリフレクション」から「話すリフレクション」へのシフトです。

　まずは、教師役学生がおこなった授業について、それぞれが実感して得た「気づき」を語り合います。次いで、その「気づき」の意味を全員で掘り下げていきます。これを「協働的な授業リフレクション」と呼んでいます。

　すると、学生たちのリフレクションが徐々に、しかし確実に進化しはじめました。お互いがお互いのリフレクションを触発するようです。一人ひとりのリフレクションの視点やスタイルの違いが、切磋琢磨を生み出しはじめました。

　同時に、わたしの教師スキルにも変化が起こりはじめました。

　「書くリフレクション」だけをしていたころは、学生みんなで模擬授業のふり返りをしていても、すべてわたしの知識や技術的理解の範囲内に収まっていまし

た。学生より深く広い（はずの）わたしの知識や理解のてのひらの上で、学生たちは楽しくおしゃべりをしていました。とてもよいことを言う学生もいれば、それなりの学生もいます。しかし、いずれも極めて予定調和的なふり返りの作業を続けていました。

　ところが、「話すリフレクション」をはじめたころから、わたしと学生、学生同士のあいだに「対話的関係」が生まれ、学生たちは、より率直にそれぞれの実感を語り合うようになりました。全能の神だったわたしはその地位を降り、徐々に学生たちに寄り添いつつ、彼らの言わんとすることを聴き取るMC（司会）へと変化していきました。

　もちろん、毎回「対話的関係」が生まれるわけではありませんでした。しかし、それが生まれると、一気に、リフレクションの中身が深化していきました。こうした「話すリフレクション」を少しずつ重ねていくうちに、わたしのMCとしての能力が磨かれていきました。

　いまでは、ほぼ毎回、「対話的関係」が生まれるようになっています。

協同性を促す教師スキルが未来を拓く
演じるリフレクションという試み

　じつは、「話すリフレクション」のもう一つ先に、「演じるリフレクション」という試みもおこなっています。1時間の授業のふり返りではなく、1日の研修活動を演劇的にふり返ります。1日研修のときにだけおこなう特別なリフレクション方法です。

　デューイは、伝統的な教育は、子どもたちの学びの目的を構成する際、子どもが積極的に協力することを保証していない、そのことが伝統的な教育の最大の欠点であると言っています。つまり、学びが一人ずつバラバラにおこなわれてしまっているということです。

　書くリフレクションから話すリフレクション、さらに、演じるリフレクションへのシフト、つまり、学習者の協同性をよりダイレクトに促す教師スキルは、伝統的な教育の欠点を乗り越え、教育の未来を拓く切り札になると考えています。ただし、そうなるためには、「協同性」がつくり出す対話的関係を、教師自らの「授業観」の中に優先的、重点的に位置づけ直した上で、自らの教師スキルをつくり出していくことが必要です。

> 【参考】
> 『経験と教育』（ジョン・デューイ著、講談社学術文庫、2004年、p105）

教師スキルを アップデートしてみる
——提案を受け入れつなげるケアの教師スキル

 ケアリングを学校カリキュラムの中心に据える

『学校におけるケアの挑戦』（ゆみる出版、2007年）というおもしろい本があります。著者はネル・ノディングズという、アメリカ教育哲学学会会長、デューイ学会会長、全米科学アカディミー会長などを歴任した教育学者です。

現在の学校教育は、カリキュラムの中核に学問諸分野を置いていて、当分、その支配は続くと予想されています。しかし、この本では、中核にそれ以外のもの、たとえば、「ケアリング」を置いたらどうなるかということをじっくりと考えています。

ケアリングとは、心を砕き、慈しむ関係性のことです。

現在のカリキュラムは、制度化されていて、すぐに変わりそうにはありません。しかし、そのカリキュラムにまったく傷がないというわけではありません。たとえば、学問諸分野の成果を教科書にまとめて教えるため、学習内容が子どもの実感から離れがちです。そのため、多くの子どもは興味・関心が持てないまま我慢して勉強することを強いられます。

ケアリングを中核とした学校カリキュラムを考えてみるということは、教師スキルをどのようにアップデートすれば、現在のカリキュラムが持つそうした傷を修正できるのかを考える上で、重要なヒントになります。

 見知らぬ人や遠く離れた他者へのケアリングは可能か？

ノディングズは、ケアリングでは、AがBをケアし、そのことをBが認めることでケアリングの関係が完成をすると言います。つまり、ケアしたことで、ほほえみや感謝など、相手から何らかのポジティブといえるような反応を受け取るような場合に、ケアリングが成立したといえるのです。

したがって、AとBは、原則として、同じ時空間に存在することが必要です。しかし、ノディングズのカリキュラム（思考実験）には「自己のケア」「内輪のケア」に続いて、「見知らぬ人や遠く離れた他者へのケア」が登場します。さらには、「動物や植物や地球をケアすること」と続きます。「見知らぬ人や遠く離れ

た他者へのケア」「地球のケア」などの提案は実にスリリングです。普通に考えて、距離の離れた対象からの反応はないからです。

　ゆえにノディングズは、「距離ある所での遠く離れた対象へのケアについて学ぶことは、その困難と限界について理解することとほぼ同義である」と言います。

　グローバル教育や多文化教育の目的の一つである、他民族と他民族の習慣への知識の提供だけでは、彼らとケアリングの関係を結ぶことはできません。文学や芸術によるイメージによる触発も、生きた他者からの誘いがなければ、不当な自信や、さらなる偏見を植えつけてしまうことになると言います。

　ノディングズは、「ケアリング」に不可欠な要素を２つ挙げます。

　一つは「専心すること」です。他者に対し、選り好みをせず、「コミュニケーションの回路」を開き続け、「これは間違っている」と判断して閉じてしまわないことです。

　もう一つは「動機づけの転移を起こす」ということです。

　小さな子どもが必死で靴紐を結ぼうとしているのを見守っていると、自然と指が動きます。これが「動機づけの転移」です。「わたしたちを動機づけるエネルギーが、他者と他者の課題に向かって流れ出すこと」です。

　たとえば、自分とは異なる国の人と会話をしたり、食事をしたり、一緒に何かに取り組んだりします。可能ならば、その国を訪れて、何事かを体験したりもします。さらに、その体験をリフレクションします。エスニック・スタディーズのような、動機づけの転移が生まれる直接体験が必要です。

 ## 選り好みをせず受け入れ、発展させる教師スキル

　現在、学問諸分野に基づいて定められた教科内容がカリキュラムの中核に置かれています。そのため、主流の授業づくりでは、それらを修得するのに必要な学習態度を子どもに効果的に惹起させるための教師スキルが求められます。

　一方、ケアリングをカリキュラムの中核に置いた授業づくりでは、別の学習態度や教師スキルが求められるでしょう。

　ケアリングの前提には、専心／結びつきがあります。他者に対して、選り好みをせず受け入れること。裁かないこと。ブーバーの言う意味における「確証」のスキル（他者の中の最善のものを肯定し奨励する行為）が必要です。

　第２章の項目スキル４─１で、「イエス・アンド」という、即興演劇（インプロヴィゼーション）の手法を取り上げました。相手の提案を受け入れ、それを活かしてさらに先に発展させるスキルです。そうした発想が、教師スキルとして必要になるのです。

教師スキルを
つねにリフレクションする

 新人教師たちの眉間のしわ

　新人教師４人の授業のようすをほぼ丸一日、参観したことがあります。どの先生も子どもたちと必死に格闘していました。教師としての理想と現実とのずれに苦労していました。４人のうち、３人の先生に眉間のしわを発見しました。うまくいかないことへのいらいらが顔に現れていました。

　ある先生は、子どもたちが思うように動いてくれないことに対して、一人、ぶつぶつつぶやいていました。

　「なんで、そこでよそ見するかな」「作業開始と言ったらすぐにどんどんはじめたらいいのに……」。

　教室で思うようにいかないことはだれにでもあります。いらいらすることもあります。しかし、そのいらいらが、次の一手（アイデア）を考えることを邪魔しているように見えました。とても惜しいことです。

 いらいらが癖の教師になる

　いらいらして、次の一手が出なくなることはベテランにもあります。むしろ、ベテランに多いようにも思います。ベテランには、過去の成功体験があるからです。

　新任教師は、何かはじめようとしてもわからないことだらけです。

　試行錯誤しますが、うまくいかずに困ります。そこですぐれた先輩からやり方を教わり、その通りにやってみます。すると、それまでできなかったことがウソのようにうまくいくことがあります。何度も試し、うれしくなります。そのような成功体験を積み重ね、強い自信を持つようになります。よし、これで自分も空を飛べるようになったと思います。

　しかし、それは実際にはグライダー効果による成功です。

　グライダーにはエンジンがありません。エンジンのついた飛行機に空まで引っ張っていってもらい、そこから飛びはじめます。うまく気流に乗りさえすれば、

しばらくは空を自由に飛ぶことができます。飛べるととても気持ちよいです。

　しかし、グライダー方式は、勤務地区や学校、子どもの状態が少し変わるだけで、途端にうまくいかなくなることがあります。しかし、それまでうまくいっていた経験があるため、「なぜ、この子たちは、前の子たちのように素直に動かないんだろう」といらいらしはじめます。

　最初はグライダーのようにだれかに手引きしてもらい、空を飛ぶ体験をすることは必要です。しかし、教わったやり方でうまくいかなくなったとき、「やっぱり〇〇先生のスキルではうまくいかない」「子どもたちがわたしの言うことを素直に聞いてくれない」といらいらして、思考停止してしまうと、怒ることで子どもを動かすことが癖の教師になってしまいます。

 教師スキルのエンジンを見つける

　自前のエンジンで空を飛べるようになるためには方法があります。

①できるだけ簡単な教師スキルを使う
②その教師スキルの成功の秘訣をリフレクションする
③その教師スキルのエンジン（学びのしかけ）を特定する
④似たエンジンを持つ教師スキルを探し出す
⑤それを使ってみる

　教師スキルを教えてもらって実践をしてみることは必要ですが、その実践がうまくいく秘訣をリフレクションしないと、いつまでたっても真似を続けるしかありません。真似を止めてマンネリ傾向がはじまると、過去の成功体験をもとに「わかってよ！」と怒って子どもを動かす先生になります。

　本書では、できるかぎり簡単でベーシックな教師スキルを提案しました。そして、そのスキルをリフレクションするヒントを書きました。本書を参考に、みなさんがみなさんなりのエンジンを見つけていただければ幸いです。

■引用・参考文献

・向山洋一著『授業の腕を上げる法則』（明治図書、1985 年）

・向山洋一著『授業の腕をみがく』（明治図書、1983 年）

・大西忠治著『授業つくり上達法　だれも語らなかった基礎技術』（民衆社、1987 年）

・藤岡信勝著『教材づくりの発想』（日本書籍、1991 年）

・齋藤孝著『教師＝身体という技術　構え・感知力・技化』（世織書房、1997 年）

・斉藤啓一著『ブーバーに学ぶ　「他者」と本当にわかり合うための 30 章』（日本教文社、2003 年）

・家本芳郎編・脚色『ふたり読み』（高文研、2005 年）

・マルティン・ブーバー著、山本誠作ほか訳『ブーバー著作集〈8〉　教育論・政治論』（みすず書房、1970 年）

・ジョン・デューイ著、市村尚久訳『経験と教育』（講談社学術文庫、2004 年）

・ネル・ノディングズ著、佐藤学監訳『学校におけるケアの挑戦　もう一つの教育を求めて』（ゆみる出版、2007 年）

・F・コルトハーヘン編著、武田信子監訳『教師教育学　理論と実践をつなぐリアリスティック・アプローチ』（学文社、2010 年）

・ケリー・レオナルド、トム・ヨートン著、ディスカヴァー・トゥエンティワン編集部訳『なぜ一流の経営者は即興コメディを学ぶのか』（ディスカヴァー・トゥエンティワン、2015 年）

・キャリー・ロブマン＆マシュー・ルンドクウィスト著、ジャパン・オールスターズ訳『インプロをすべての教室へ　学びを革新する即興ゲーム・ガイド』（新曜社、2016 年）

・キエラン・イーガン著、高屋景一、佐柳光代訳『想像力を触発する教育　認知的道具を活かした授業づくり』（北大路書房、2010 年）

・アイヴァー・F・グッドソン著『教師のライフヒストリー』（晃洋書房、2001 年）

・上條晴夫著『実践　子どもウォッチング』（民衆社、1993 年）

・上條晴夫著『授業でつかえる漢字あそびベスト 50』（民衆社、1997 年）

・上條晴夫編著『授業導入ミニゲーム集』（学事出版、2000 年）

・上條晴夫編著『さんま大先生に学ぶ　子どもは笑わせるに限る』（フジテレビ出版、2000 年）

・上條晴夫編著『ワークショップ型授業で国語が変わる　小学校』（図書文化社、2009 年）

・上條晴夫著『お笑いの世界に学ぶ教師の話術』（たんぽぽ出版、2005 年）

・上條晴夫編著『教室の空気を変える！　授業導入 100 のアイデア』（たんぽぽ出版、2006 年）

・上條晴夫編著『教師のためのキャラクタートーク術』（たんぽぽ出版、2007 年）

・上條晴夫著『実践　教師のためのパフォーマンス術』（金子書房、2011 年）

・上條晴夫著『30 分でわかる！　教師のための叱る技術』（学陽書房、2015 年）

・上條晴夫編著『教師教育』（さくら社、2015 年）

・上條晴夫著『理想の授業づくり』（ナカニシヤ出版、2017 年）

・上條晴夫「話すステージ・聞くステージとしての教室―自分の強みを意識せよ！」（金子書房『児童心理』2015 年 12 月号臨時増刊、事例部を再掲、表現を一部修正する）

■著者紹介

上條晴夫（かみじょう・はるお）

1957 年、山梨県生まれ。東北福祉大学教育学部教授。
小学校教師、児童ノンフィクション作家、教育ライターを経て現職。
教育現場の実態に即した授業プランの開発研究をおこなう。研究の範囲は「作文」「ディベート」「学習ゲーム」「ワークショップ」「多文化教育」など。いずれも教育現場で必要とされるテーマを掘り下げる研究をおこなってきた。1997 年、「学級崩壊＝授業不成立」現象が一般に知られるようになってからは、現象の背後にある社会的な変化を見据えた上で、どのような授業プランが実践的に有効であるかについて、現場教師・研究者たちとの共同的な研究を通じて考察をおこなってきた。ここ数年は「教師教育」に特化した質的研究に力を入れている。
お笑い教師同盟代表。特定非営利活動法人「全国教室ディベート連盟」理事。専門は教師教育学、教育方法学、ワークショップ。

【おもな著書】
『理想の授業づくり』2017/04 単著
『図解よくわかる授業上達法』2007/03 単著
『教室の空気を変える！授業導入 100 のアイデア』2006/03 共著
『お笑い世界に学ぶ教師の話術』2005/03 単著
『ワークショップ型授業で国語が変わる小学校』2004/10 共著
など多数。

実践・教育技術リフレクション
あすの授業が上手くいく〈ふり返り〉の技術
①身体スキル

2017 年 11 月 30 日　第 1 刷発行

著　者　上條晴夫
発行者　上野良治
発行所　合同出版株式会社
　　　　東京都千代田区神田神保町 1-44
　　　　郵便番号　101-0051
　　　　電話 03(3294)3506 ／ FAX03(3294)3509
　　　　URL；http://www.godo-shuppan.co.jp/
　　　　振替　00180-9-65422
印刷・製本　株式会社シナノ

■刊行図書リストを無料送呈いたします。
■落丁乱丁の際はお取り換えいたします。